个人品牌

从普通老板到明星CEO

王泓谕 编著

化学工业出版社

·北京·

内 容 简 介

当下，个人品牌崛起，企业老板应如何在大趋势中抓住机遇，打造专属于自己的个人品牌呢？《个人品牌：从普通老板到明星CEO》针对这一问题进行了具体分析。本书主要讲述了企业老板打造个人品牌并反哺企业发展的相关内容，包括重塑信任感、沉淀流量、双品牌共生三个部分，涵盖了个人品牌定位、内容设计、IP化、粉丝运营、私域流量、营销变现等多个方面的专业技巧，旨在帮助企业老板提升个人价值，用个人品牌助力企业运营。

图书在版编目（CIP）数据

个人品牌：从普通老板到明星 CEO / 王泓谕编著
. — 北京：化学工业出版社，2022.2
　　ISBN 978-7-122-40444-2

　　Ⅰ．①个… Ⅱ．①王… Ⅲ．①品牌 – 企业管理 Ⅳ.
①F273.2

　　中国版本图书馆 CIP 数据核字（2021）第 264271 号

责任编辑：刘　丹　夏明慧	美术编辑：王晓宇
责任校对：田睿涵	装帧设计：水长流文化

出版发行：化学工业出版社（北京市东城区青年湖南街 13 号　邮政编码 100011）
印　　装：三河市延风印装有限公司
710mm×1000mm　1/16　印张 13½　字数 127 千字　2022 年 5 月北京第 1 版第 1 次印刷

购书咨询：010-64518888　　　　　　　　　　售后服务：010-64518899
网　　址：http://www.cip.com.cn
凡购买本书，如有缺损质量问题，本社销售中心负责调换。

定　　价：58.00 元

前言

很多企业老板经常会在洽谈业务的过程中遭遇信任危机——客户对企业的能力表示质疑，以至于迟迟不敢成交。这主要是由于企业没有将自己的能力以外化的形式表现出来。根基不深的小企业很难打造强势的企业品牌，这时就需要老板的个人品牌为企业的信誉背书。个人品牌是一种无形资产，是代表其本人的一种价值符号，它能够增加个人在行业内的话语权，自造流量，扩大企业的影响力。

很多企业家都拥有自己的个人品牌，如格力电器董事长董明珠为自家品牌站台，2020年13场直播带货销售额达476亿元，这足以说明个人品牌的变现能力之强及市场前景之广阔。

本书共分为三篇，第一篇为重塑信任感。本篇从企业老板的信任痛点出发，讲述了企业老板为什么需要建立个人品牌。接着又从个人品牌定位、内容设计、声量设计等方面深入分析，展开论述了企业老板应如何打造个人品牌。

第二篇为沉淀流量。个人品牌的发展离不开流量的支持，而将个人品牌打造成个人IP能够吸引更多流量。同时，为沉淀流量，企业老板需要做好粉丝运营，并搭建自己的私域流量池。私域流量不仅能够实现个人品牌的精准营销，还能够实现流量的重复利用。

第三篇为双品牌共生。企业老板的个人品牌能够推动企业品牌的形成，同时企业品牌也能够使企业老板的个人品牌更加稳固，二者是相互成就的关系。企业老板不仅要发展自己的个人品牌，也要发展企业品牌，实现双品牌共生。

本书通过以上三篇内容讲解了企业老板打造个人品牌的必要性，并讲述企业老板如何成功打造个人品牌，成为行业里的明星CEO。同时，本书不仅囊括了与个人品牌相关的各种理论和方法，还附带了许多案例。通过对本书的学习，读者可以迅速掌握打造个人品牌的方法和要点，从而提升自身的知名度和影响力。

由于笔者学识所限，书中难免有疏漏之处，恳请读者批评指正。

编著者

目录

第一篇　重塑信任感

第1章　小老板为何频频遭遇信任危机

第4章 内容设计：
如何持续输出匹配你身份的内容

第5章　声量七维设计：
全方位打造立体的老板人设

第二篇 沉淀流量

第6章 品牌IP化：个人品牌进阶之路

第7章　粉丝运营：粉丝即流量

第8章　私域流量：持续挖掘粉丝价值

第三篇 双品牌共生

第9章 个人品牌与企业品牌相互成就

第10章 你需要一个专业团队管理个人品牌

第11章　营销造势：扩大双品牌影响力

第12章　变现：双品牌助力产品溢价

第一篇

重塑信任感

第1章

小老板为何频频遭遇信任危机

许多初创企业的小老板都曾遇到过这样的问题：在与客户谈合作时，客户并不信任自己，甚至把自己当成骗子；在合作的过程中，客户总是会质疑企业的专业性，甚至中途退款；在合作结束后，客户往往不会再继续合作，企业永远地失去了这一客户。在与客户合作的过程中，小老板遭遇此类信任危机是常有的事。

1.1 初期：为什么你会被客户当成"骗子"

在与客户沟通初期，企业老板会仔细了解客户的需求，也会向客户详细介绍自己的企业。但由于企业成立时间短、规模小、缺乏强势背书等原因，客户对企业老板往往并不信任，很容易就会怀疑企业老板与自己合作的动机，甚至直接给企业老板贴上"骗子"的标签。

1.1.1 成立三年内的企业，客户认为是行业新手

企业老板要想与客户谈合作，就必须先向客户介绍自己的企业，但很多老板正处于创业初期，企业成立还没有满三年，在行业内也没有地位。对于这样的行业新手，客户往往难以信任。

为什么成立时间短的企业就一定会被认为是行业新手？因为处于创业阶段的企业在渠道、资金、人才、行业认知、品牌资产等方面都无法与行业内的大企业相比，难免会引起客户对其能力的质疑。客户的疑虑主要集中在以下五个方面。

（1）渠道

为什么兰登书屋能够出版大量的畅销书，华纳音乐能够推出很多的畅销金曲？主要原因就在于销售渠道。对于消费品行业的企业而言，拥有优质的销售渠道是其获得成功的重要因素。通俗地说，产品摆不到货架上就无法销售出去。

这也是为什么家乐氏麦片一直占据着较高市场份额的原因。很多小企业能够做出更美味的麦片，并且价格更加优惠，但是家乐氏公司可以把产品铺满超市的货架，可以派出众多的销售人员到各地的商店推销家乐氏麦片。家乐氏麦片成功的一个重要环节就是把产品摆到消费者面前。

无论企业销售的是什么样的产品，都离不开销售渠道的助力。大企业往往在这一领域深耕多年，拥有完善的线上、线下销售渠道，因此能够占据更高的市场份额，获得更高的市场知名度。而成立时间较短的小企业没有如此密集的渠道网络和多样的销售方式，产品销售能力也就相对较弱。

（2）资金

企业的健康运作离不开资金的支持。在那些生产、研发、营销费用较高的行业里，资本充足的大企业往往会在企业竞争中占据上风，即使企业因收支不平衡引发暂时亏损，也不会对企业造成致命打击。

例如，微软公司用了六年多的时间，才将Windows改进成市场上的主流操作系统。在此之前，微软推出的系统版本一直品质平平，公司连年亏损，但其却能够通过股票融资维持企业的运营。

但是，刚成立的小企业往往难以避免资金不足的问题。它们没有足够的资金投入研发，甚至运营也难以维持，当发生现金流危机时，小企业也很难通过多样的融资方式获得资金支持。与这样的企业合作，客户难免会感到担忧。

（3）人才

在员工方面，规模小、资金不足的小企业很难吸引优秀人才加盟，即使创业团队中有几个行业内的人才，企业员工的整体素质也难以与大企业相比。在与客户谈合作时，客户势必会衡量企业的员工素质、创新能力等，而这方面的能力是很多刚创立的小企业缺乏的。

（4）行业认知

对行业的认知影响着企业的发展方向，行业内的大企业具有多年的行业经验，能够通过参加行业聚会、行业峰会等途径了解行业现状，能够对行业发展趋势进行更精准的预测。而刚成立的小企业往往没有多样的途径了解行业动态，缺乏对行业的敏感度，其了解到的行业信息也往往是过时的。在这种情况下，小企业很难对行业具有准确、全面的认知。

（5）品牌资产

行业内的知名企业都具有一定的品牌资产，能够引导消费者的购物选择，而刚成立的小企业往往没有自己的品牌，或者品牌建立并未稳固，更没有高价值的品质资产。与行业内的各巨头企业相比，这样的小企业无疑是行业内的"萌新"。

基于以上各方面的思考，客户在面对刚成立的小企业时，势必会疑虑重重。

1.1.2 规模小，像个草台班子

李林是一家互联网企业的老板，经过一年多的经营，企业的发展趋于稳定。李林在企业内部成立了财务部、人事部、产品研发部等，虽然每个部门的员工都不多，但企业运作有一套较为完善的流程。

一天，李林与来访的客户沟通一个软件项目，尽管李林表示企业承接该项目完全没问题，并提出了一些优惠条件，可客户还是没有签约。在询问原因时，客户表示："你们企业规模太小了，像个草台班子，员工少，设备也不全，项目交给你们我不放心。"

上述案例中李林遇到的问题很多老板都曾遇到过，为什么规模小的企业难以获得客户的信任？主要有以下几方面的原因。

（1）人力资源管理水平相对落后

规模小的企业受资金和规模的限制，硬件设施较为落后，同时企业文化、企业管理理念、管理手段等也落后于大型企业。企业职能部门的划分相对粗糙，可能一个部门肩负着多个部门的职责，这也使得企业的管理变得混乱。

（2）家族式管理和任人唯亲现象严重

在一些小企业中，很大比例的管理者是老板的亲属或朋友，财务、人事等职能岗位上任人唯亲的现象较为严重。也有一些企业老板身兼数职，一人负责企业的人事、财务、技术和销售等。这些都限制了企业的进一步发展。

（3）人才流失率高

小企业的人才流失率较大企业要高得多，尤其是高科技人才的流失，当他们的薪酬和发展空间达不到预期目标时，就会选择离职。规模较小的企业岗位少、晋升通道少，人才在企业内难以获得更高的薪酬和更好的发展空间，也就难以在小企业中长久发展。

（4）企业发展缺乏长远、科学的规划

许多小企业并不具备独立的产品研发能力，市场开拓能力也很弱。这些企业的经营以实现当期盈利为唯一目的，很少考虑长远规划，容易造成企业业务经常变更的情况，对市场风险的抵御能力也较差。

在与规模小的企业合作的时候，客户难免会有以上几方面的顾虑，而若在与客户沟通的过程中，企业老板夸大了企业的实力，或者对客户做出了企业本身难以实现的承诺，就会加重客户对于企业能力和企业老板的怀疑，最终导致沟通失败。

1.1.3 没有强势背书，无法证明"我能行"

企业获得第三方对企业产品认可和称赞的形式就是企业背书。企业获得的背书能够证明自身能力，增强产品在市场上的被认可度。例如，君乐宝奶粉通过了欧洲双认证，即食品安全全球标准BRC和国际食品标准IFS双重认证；君乐宝旗帜奶粉连续三年获得"世界食品品质评鉴大会"金奖。以上认证和奖项都是君乐宝获得的强势背书。

一些知名度较小的企业难以获得权威机构的认证，会通过其他方式寻求知名人士的肯定。2020年某日，一款名不见经传的麻辣香肠出现在了李佳琦的直播间，在李佳琦的推荐下，这款香肠在5分钟内售出了10万余包，销售额突破了300万元。推出这款香肠的企业，作为一家生产香肠、酱肉等熟食肉制品企业，原本并不为人所熟知，但在被李佳琦推荐后，便在更多的消费者心中留下了印象，获得了更多消费者的认可。

同时，作为国产美妆品牌，"完美日记"在产品刚刚投入市场时就选择与李佳琦合作，通过李佳琦的推荐，越来越多的消费者认识了这个品牌，也有越来越多的消费者购买其产品。可以说在李佳琦的推荐下，"完美日记"成功进入了美妆市场。

除了让产品获得权威机构、知名人士的认可外，老板本人获得权威机构或知名人士的认可，也能使企业获得背书。例如，真格基金创始人徐小平曾极力称赞李恒（小恒水饺创始人）的创业精神，并称其为创业榜样，网上也出现了很多以"徐小平""小恒水饺"为关键词的公关稿，这些都加深了消费者对于李恒和小恒水饺的认知，也使得李恒和小恒水饺获得了更多人的认可。

但对于很多小企业而言，无法生产出高质量的、获得诸多权威认证的产品，也没有得到知名主播、微博"大V"等KOL（Key Opinion Leader，关键意见领袖）的认可和推广，同时企业老板本人也缺乏强有力的背书。在这种情况下，企业老板无法向客户证明企业的实力，无法拿出有力的证据表示"我能行"，一切对于企业、产品、业务能力的描述都是企业老板的一面之词，客户自然难以相信企业老板的说辞。

 ## 1.2 中期：为什么客户总是质疑甚至中途退款

在与客户合作的过程中，为什么企业老板会遭到客户的质疑甚至中途解约？原因就是在这一过程中，企业老板的所作所为打破了客户对于老板的信任，或者让客户越来越没有安全感，最终导致合作破裂。企业老板过度承诺又无法实现承诺，个人品牌不强使客户缺乏安全感，讲解不到位引发误解等都可能导致合作破裂。

1.2.1 过度承诺，产品无法如期交付

在与客户合作的过程中，存在这样一个问题：企业老板为了承接项目，给了客户过多的承诺，许多超出实现范围的承诺根本无法完成。还有一种情况是给了客户口头承诺，并没有写入合同里，原本只是应付客户，但客户却是认真的，到了合作的某个阶段，客户把这个口头承诺提出来，企业老板就为难了，因为这个口头承诺往往是一个"不可能完成的任务"。

例如，某互联网企业的黄老板和客户就软件项目进行沟通，客户表示该项目十分着急，最好在6个月内完成，同时表示他比较中意另外一家规模较大的互联网企业。为了拿到订单，黄老板向客户许诺："我们5个月就可以完成项目。"客户一听大喜过望，便与黄老板签订了合同。

在项目实施的过程中，客户不时询问工作进度，同时黄老板为了赶工也不断加派人手。3个月后，项目的进度才接近50%，难以在之后的2个月内完工。这时，黄老板对当初过度承诺的行为十分懊悔，但已无力回天。2个月后，项目没有如期完成，黄老板不仅赔偿了大笔违约金，也永远失去了这个客户。

再如，为了推销产品，促成订单，有的企业老板向客户承诺"产品50年保修""产品终身保修"等，这样的过度承诺会给企业带来沉重的负担，如果企业不遵守承诺，还需要向客户支付一定的赔偿金。

在合同签订之前，企业老板所做的一切都是为了获得订单，所以有时会出现"过度承诺"的情况，一旦企业在之后的合作中难以实现该承诺，或拒绝实现该承诺，客户就会对企业产生怀疑甚至中途取消合约。

1.2.2 个人品牌不强，客户缺乏安全感

很多时候，企业老板会有这样一种困惑：明明自己和客户说了很多，却没有得到客户的信任。其中重要的原因就是老板的个人品牌不强，客户缺乏安全感，在缺乏信任基础的情况下，一旦合作的过程中出现了问题，就会加大客户对于老板的不信任，放大客户的不安全感，客户极有可能中途取消合作。

什么是个人品牌？

个人品牌能够给人一种清晰的、强有力的正面形象，能够传递三个方面的信息：你是谁，你做什么，什么使你与众不同。如果企业老板有自己的个人品牌，就能够在客户面前清晰地展示自己的优势。具有个人品牌的企业老板更容易赢得客户的信任，给予客户更多的安全感。

有个人品牌的企业老板能够从一众普通企业老板中脱颖而出，优先向客户展示出自己的特点，如十分讲诚信、产品的质量更好、服务更优质等，这也是个人品牌体现出的承诺。企业老板的个人品牌能够使客户相信：如果选择与其合作，就会得到更优质的产品、更优质的服务等。

企业老板的个人品牌能够向客户传达老板个人的信息，如性格、能力、表现等，在客户心中形成一种期望，使他们期待和这位老板合作会得到什么。如果企业老板的个人品牌传达了正确的信息，告诉客户与自己合作会得到他们所期望的，那么客户就会信任老板，也会获得更多的安全感。

但事实上，很多企业老板的个人品牌不强，甚至根本没有个人品牌，这大大削弱了客户对于老板的信任。也许在合作前，企业老板向客户许诺了优质的产品、优质的服务，客户也签订了合同，但他们对于老板并不是十分信任，如果在合作的过程中出现了问题，那么这份不信任会被放大。在这种情况下，客户就可能会选择中途退款，终止合作。

1.2.3 专业讲解不到位，产生双向误解

某企业的周老板接到了一个软件开发项目，在谈合作的阶段，客户提出了对于产品效果的要求，并要求3个月内完成，对产品设计的细节没有提出任何要求。周老板及团队按照客户的要求，结合实际，经过逐步分析、研发与测试，在1个月之后提交了产品的初级版本。

在初次展示产品的沟通会议上，周老板向客户讲解了产品的操作流程、当前实现的功能等，但客户却表示产品的设计存在缺陷，自己要求的一些功能没有实现，同时也不具备市场中其他同类产品已具有的功能。周老板听到

自己的产品没有被认可反而被质疑后十分气恼，表示当初签合同时，客户给出的项目预算有限，难以实现更多的功能。客户听到后大失所望，直接表示要终止合同。

在上述案例中，周老板和客户的沟通存在很多问题，周老板也没有及时解决这些问题，导致合作破裂。首先，在产品讲解方面，周老板并不专业。研发产品的目的是要满足客户的需求，因此在讲解产品功能时，周老板应重点讲解客户最重视的产品功能，即使有些产品功能在初期研发阶段并不具备，也要及时向客户表示该功能已列入研发计划。同时，周老板需要将产品和竞品进行对比，向客户说明产品的优势和未来的设计方向。

其次，即使客户给出的预算不足以实现更多的功能，周老板也要客观地和客户讲明设计新功能需要的投入和资金不足的问题，并与客户沟通是否可以追加资金投入。如果客户同意，新的功能就可以加入；如果客户不同意，在考虑到实际研发资金的情况下，客户也会一定程度上削减自己的需求。这能够使双方有一个更好的沟通效果。

对于企业老板而言，在与客户的沟通中要注意避免产生误解。一方面要对产品有清晰的了解，能够向客户讲明与产品相关的专业知识，另一方面要明确客户需求，根据客户需求有针对地进行产品讲解。如果企业老板讲解不到位，与客户彼此产生误解，那么合作也难以继续。

1.3 后期：为什么客户不再找你合作

企业要想获得持久发展，离不开客户的支持，但现实中有一件让企业老板十分头疼的事：许多客户在首次合作结束之后就没有了联系，无法转化为企业的长期客户。企业服务缺乏特色、与客户缺乏强连接、缺乏后续服务等都会降低客户对企业的满意度，导致用户最终选择不再合作。

1.3.1 缺乏特色，与同行没区别

钱老板创办了一家互联网企业，主营业务是为各企业提供数字化管理解决方案。在创业之初，钱老板找到了不少客户，以极其优惠的价格向对方推销企业的产品和服务，获得了不少订单。

但最近钱老板发现了一个问题：当企业与合同将要期满的客户聊续签的时候，很多客户都表示了拒绝。钱老板不明所以，于是和这些客户进行了沟通，这些客户大多数都表示，钱老板的产品很一般，没有特色功能。虽然产品出现问题时，技术人员会及时处理问题，但技术人员并没有定期对产品进行检查，也没有及时规避这些问题。总而言之，这些客户认为，钱老板的产品缺乏特色，与其他企业的产品并没有什么差别，当他们遇到价格更优惠、产品或者服务更好的企业时，便会选择其他企业。

这时，钱老板虽然有心挽留客户，但是如果再降低价格就会削减企业的利润，甚至存在亏本的风险，如果不降低价格，客户则会寻找其他能够提供更加优质产品和服务的企业。在两难的处境下，钱老板只能任由客户流失。

在上述案例中，为什么钱老板会陷入两难的境地？原因是其产品和服务缺乏特色、缺乏竞争力，钱老板只能以价格优势争取客户，当价格优势不存在时，客户自然不会再合作。

1.3.2 缺乏强连接，与客户关系不密切

客户关系的维护是企业老板需要重视的问题，很多企业的产品在市场中具有竞争优势，也拥有较多的客户，但企业老板并不重视对客户的管理，缺乏与客户之间的强连接，导致客户大量流失。企业老板与客户缺乏强连接的原因主要表现在以下几个方面。

（1）不了解企业的客户有哪些

许多企业都会投放大量的广告，以此提升企业和产品的知名度并吸引客户，但是对于吸引来的这些客户，尤其是分散的小客户，企业老板并没有进行了解和汇总，因此并不了解企业的客户有哪些，也难以与这些客户建立客户关系，无法将客户的一次性交易转变成经常性、持续性的交易。

（2）缺乏对员工的管理

企业的很多客户都是由员工寻找并联系的，也是由员工维护的，但一些企业老板却忽视了对拥有客户的员工的管理，以至于出现这样一种状况：当某员工离职时，他所拥有的客户也同时消失，给企业造成了损失。

（3）缺乏个性化服务

有的企业老板虽然做了一些联系客户、维护客户关系的工作，但并没有起到太大效果，原因就是这些老板在维护客户方面流于形式，只是进行简单的走访或电话回访。这些老板重视的不是客户维护的效果，而是这些机械性工作的完成度。这使员工在忙于完成这些千篇一律的工作时，忽略了对客户的个性化服务，因而导致了客户的流失。

（4）对于客户的承诺不明确，对于承诺的贯彻不彻底

很多企业老板在和客户谈合作的时候，都会许下各种承诺，如"我们一直把客户当成上帝""我们的产品十分优质，一定能够满足您的需求""我们提供免费上门维修服务"等。但这些承诺往往只是说说而已，或者在合作开始时，企业老板确实按照承诺办事，但时间一长就忘记了自己的承诺，也开始出现产品质量不过关、售后服务不到位等问题，使客户大为失望。究其

原因，就是企业老板向客户的承诺不明确，或对承诺的贯彻不彻底，大大降低了客户的满意度，最终使得客户不再继续合作。

1.3.3 缺乏后续服务，只做"一锤子"买卖

孙女士在某电器城购买了一台空调，本以为可以实现"夏送清凉冬送暖"，没想到却买回来一肚子"担忧"。空调安装好之后，孙女士度过了一个十分清爽的夏天，但冬天的时候，空调却出现了问题。

入冬后，孙女士发现打开空调后，室外机轰隆隆响个不停，噪声十分大，仔细一看，原来空调的外机已经倾斜，随时可能掉落。孙女士立即关掉了空调并打电话给电器城，哪知对方留给她的却是一个空号。想到当初自己买空调时，对方提出的三年保修的承诺，孙女士感觉自己受到了欺骗，没想到电器城做的是"一锤子"买卖。为解决问题，孙女士来到电器城与负责人沟通，电器城负责人表示该电话号码不久前已经停用，但电器城承诺的保修服务是真实的，并立刻安排了维修人员上门维修。

虽然电器城负责人态度诚恳，但孙女士依旧对自己受骗的事情耿耿于怀，再也没有在该电器城消费过。

无独有偶，职场白领于女士也有过类似的经历。经健身房销售人员介绍，于女士办理了一张为期半年的健身卡，去过几次之后，因为工作繁忙就再也没有去过健身房，半年之后，这张没用过几次的健身卡就作废了。在这

期间，健身房并没有联系过于女士，没有询问其为什么没有去健身，也没有询问其是否需要续办健身卡。对于女士来说，办健身卡不去健身房是一种浪费，而对于健身房来说，这同样也是一种客源损失。缺乏对售卡之后的后续服务的重视，只做"一锤子"买卖，不利于健身房对客户的管理和长久的发展。

许多企业老板也是如此，只重视与客户沟通、签约的过程，却不重视签约之后的后续服务，或者当合同结束之后，本该向客户继续提供的后续服务也就终止了，这些都不利于客户关系的建立和对客户的维护。

某互联网企业的赵老板与某企业达成合作，为其研发一款适用于该企业的人力资源管理系统，赵老板如期交付了系统，对方企业也对系统进行了验收。在系统投入使用的初期并没有什么问题，但一段时间过后，就出现了卡顿、账户无法登录的问题。该企业负责人就此事与赵老板进行沟通，但赵老板却并不打算对此负责，也没有派技术人员进行维修。该企业负责人十分不满，表示之后再也不会和赵老板合作了。

缺乏后续服务，只做"一锤子"买卖对企业的长期经营是十分不利的，也不利于企业老板树立诚信、负责的形象。企业老板未与客户约定后续服务，或者约定了后续服务却不履行，都会降低客户对于产品或服务的满意度，降低客户对于企业老板的信任度，客户自然不会再合作了。

第2章

你为什么需要一个老板个人品牌

在企业经营的过程中，具有个人品牌的老板往往更容易获得成功。交易是基于信任而产生的，具有个人品牌的老板更具信用背书，更容易获得消费者的信任。同时，老板代表的不只是自己，更肩负着产品宣传、品牌宣传、企业转型的重任，而个人品牌带来的影响力能够促使老板更好地开展工作。此外，老板是企业最核心的代表人物，其个人品牌影响企业品牌，能够加速企业品牌的建立和传播。

2.1 交易本质：无信任不交易

信任是交易的基础，人与人之间的信任是通过相互之间的交集建立起来的。交集可以是生活交集、工作交集或者感情交集，交集越多，人与人之间的信任度就会越高。

作为交易的本质，信任是每一位企业老板都应该重视并尽力给予消费者的。而打造个人品牌，能够加深消费者对于老板的信任，有助于老板与消费者建立良好的信任关系，从而获得消费者的认可和青睐。

有人说，现在是一个"用信任换取利益"的时代，这句话虽然有夸张的成分，但也反映了一个现实的问题——消费者的内心缺乏信任。因此，如果老板能够坚持诚信经营，建立起以"诚信"为标签的个人品牌，就能获得消费者的信任，进而从激烈的市场竞争中胜出。

在信任营销方面，苹果公司有一个十分经典的案例。为了获取用户的"芳心"，更好地立足市场，苹果提出了"信任营销三原则"，创始人乔布斯也据此和用户沟通。"信任营销三原则"的具体内容如下。

（1）引起用户共鸣，赢得用户信任

苹果的创始人之一马库拉曾表示，苹果公司会紧密结合用户的感受，可以做到更好地理解用户的需求。此外，乔布斯也认为要做到信任营销，必须充满人文主义精神，坚持以用户为本，认真考虑用户的感受，力求获得用户的认可。这些都是苹果公司培养用户共鸣、赢得用户信任的体现。

（2）保持专注，提升专业性

只有专注，才能专业；只有专注，才会精益求精。乔布斯会专注于企业的核心产品和重要业务，抛弃没有太大价值的产品和业务。他的这种专注和果敢让苹果公司获得了大量用户的信任。

乔布斯回归苹果公司的时候，公司的产品线非常多，乔布斯认为这会严重影响产品的质量，提出以后只专注生产拉动消费型、专业型、便携型和台式四种类型的产品，其他类型的产品全部停产。之后，生产其他产品的人才和资金得到了释放，使上述四种类型的产品有了性能和质量方面的提升。

乔布斯始终秉持专注的做法和完美主义的理念，在产品生产过程中，为了追求完美，乔布斯经常要求重新来过，也正因如此，苹果才可以成为一个与用户产生共鸣的品牌，获得许多用户的信任。

（3）向用户输出产品内涵

用户往往会"以貌取物"，所以苹果公司坚持把最好的产品展现在用户眼前。乔布斯一直相信，只有把产品的外在形式、质量、价格、售后服务等信息有效输出给用户，用户才会认可并且购买这一产品。

正因为乔布斯认真遵循上述三原则，并不断加强与用户之间的交集，才使苹果成为一个深受用户信任的品牌。直到现在，只要苹果推出了新的产品，即使价格昂贵，用户也依然愿意购买，这体现了用户对于苹果公司的信任，也体现了乔布斯个人品牌的强大力量。

2.1.1 个人信任背书更有力量

交易离不开信任。因为消费者往往缺乏安全感，会怀疑产品的功效、性能等只是一种宣传，而背书能够为这种宣传提供担保，解决信任问题。

一般来说，信任背书包括以下几种。

（1）产地背书

有的产地名就代表一个大的产品品类，如瑞士钟表、法国香水、德国汽车等。这是因为这些国家在生产某些产品方面具有优势。如果企业的产品属于这一类型，就可以利用产地为产品背书，为产品进入国际市场提供强大的说服力。

（2）媒体背书

一些权威的媒体在消费者群体中有广泛的认知度和较高的信任度，当这些媒体为企业、产品或老板个人背书时，消费者就会将对媒体的信任转嫁到对应的企业、产品或老板本人上。例如，当某个企业老板被央视等权威媒体认可或称赞时，消费者就会认为这个老板值得信赖。

（3）名人背书

名人背书十分常见，例如很多企业都会邀请明星担任品牌的代言人。名人将自身信誉延伸到特定的企业品牌上，能够加深消费者对于该企业品牌的信任。当然，名人背书是一把双刃剑，一旦名人的信誉受损，企业品牌也会随之受到打击。

（4）第三方认证

第三方认证包括正式和非正式两种。正式的第三方认证包括：ISO 9001（质量管理体系标准）认证、3C认证（China Compulsory Certification，中国强制性产品认证）、中国名牌、著名商标等由第三方机构颁发的认证书。非正式的第三方认证包括：官方销量数据、上市企业身份、与权威机构的合作关系、权威机构颁发的奖项等。

（5）老板个人背书

在商业社会里，企业老板作为一个特殊群体，能够代表某企业或品牌的灵魂。企业老板通过建立自己的个人品牌，在各种场合向消费者传递正面形象，这能够让消费者将对于企业老板个人品牌的信任转移到企业品牌上。

一些企业老板由于具有远见卓识、创新精神和强大的领导能力，在消费者心中形成了强大的个人形象。他们利用各种公共场合，通过讲故事的方式与他人分享成功经验和失败教训，以此加深公众对于自己个人品牌和企业品牌的印象。

例如，雷军刚开始研发红米手机的时候，非常希望能够带动国内产业链，因此全部使用了国内器件。不过，在完成第一批次的生产以后，雷军发现这一批次的红米手机根本达不到预想的使用标准，不仅上网速度慢，还特别卡。

更糟糕的是，手机行业通常需要提前预订，雷军当时已经预订了40万台，如果不卖，就要损失上亿元的成本。经过一段时间的认真思考，他还是觉得不能卖这批手机，但是，如此巨额的损失对处于初始期的小米是一个很大的压力。后来，雷军与很多供应商进行深入的沟通和交流，最终没有卖这批货，损失了4000万元。

为了让红米手机的质量更好，雷军付出了金钱上的代价，而这件事情的传播，大幅度提升了消费者对雷军及其产品的信任。

当企业老板从幕后走向前台，他说出的每一句话、做出的每一个行动，不只代表了他自己，也代表了企业，是一种公开承诺。如果企业老板的所作所为不实，他会为此付出高昂的代价，所以消费者更有理由相信他的言行。同时，如果企业老板用言行证明了自己的产品，会大大提高消费者对于产品、企业的信任。

与其他信用背书相比，老板的个人信用背书更有力量。老板的个人信用背书能够将消费者对于老板本人的信任转移到企业和产品上，影响消费者的选择，同时，在老板个人信用、个人魅力的影响下，消费者也能够更容易地信任企业和产品。此外，在日常的沟通中，老板和消费者能够建立起更深的感情连接，其个人信用背书对消费者的影响也更加深远。

2.1.2 老板讲解产品更有说服力

2020年，雷军进行了小米企业成立十周年的演讲，除了对小米企业的发展历程进行回顾外，还发布了不少新品，如小米10超大杯、红米K30超大杯等。为什么在小米企业如此成功之后，雷军还会亲自向消费者讲解产品？原因就在于企业老板讲解产品十分具有说服力。

如果企业老板能够走到台前，向消费者讲解企业的产品，消费者就会在沟通中了解到老板在产品方面的专业性，知道老板是行业内的专家。在面对一项产品时，消费者关心的是产品是否足够好，产品的设计是否满足自己的需求，如果一个企业的老板能对企业的产品了如指掌，讲起产品来头头是道，那么消费者更愿意相信这个产品是在企业上下一心的努力下创造出来的，也会更加相信产品的品质。

小米企业的产品深受消费者的信任，和雷军对产品的讲解、宣传密切相关。每次推出新品时，雷军都会召开新品发布会，并逐一向消费者讲解新品的设计细节、性能、价格等。雷军在讲解中展现出来的专业性获得了广大消费者的认可和信赖。

企业老板像首席产品官一样对产品了如指掌，并能在新品发布会上向消费者娓娓道来，这比邀请明星代言人更有说服力。

因此，对于企业老板来说，自己讲解产品是非常有必要的。当消费者通过讲解了解到企业老板的专业性，知道企业老板是领域里的专家，自然而然就会在心底里产生出一种信任感，而这种信任感也会延伸到企业和产品之上。

2.2 老板的新角色：你代表的不只是你自己

在市场竞争激烈的当下，企业老板肩负更多的职责，其身份也有了重大转变。企业老板代表的不只是自己，更代表着品牌、产品等。为此，企业老板需要做好企业的首席品牌官、首席产品官、首席转型官。

2.2.1 首席品牌官

当前，品牌的巨大势能已经被越来越多的人认同，很多企业老板也开始重视品牌，表示要实施品牌战略，甚至制订了一系列广告投放计划，但建立品牌并不等同于投放广告。品牌的建立和运营是一个系统的工程，为做好这方面的工作，企业老板就要做好企业的首席品牌官。

如何做好首席品牌官？企业品牌、产品品牌是很多企业老板十分重视并且是长久重视的，但他们往往忽视了个人品牌的建立。在大众创业、万众创新的环境下，企业老板如何脱颖而出？答案就是打造独一无二的个人品牌。这也是身为首席品牌官的企业老板最应做好的事情。

企业老板需要意识到：名字也是一个商标，精心运营的个人品牌也可以成为一个知名品牌。现在有很多个人品牌的价值排行榜，如主持人身价排行榜、明星作家榜等，上榜的名人都是知名品牌。一个人的名气具有商品属性，是可以被交易的，因此，企业老板一定要精心打造自己的个人品牌，并让更多的人认识自己的个人品牌。

对于企业老板而言，如果不具备个人品牌，或者个人品牌力薄弱，那么在企业品牌、产品品牌受损的时候，就无法凭借个人影响力解决问题以更好地渡过难关。例如，有的企业曾名扬一时，却因为一次危机事件就轰然倒塌；有的产品深受广大消费者喜爱，却因为一次质量问题被消费者抛弃。在遇到这类问题时，如果企业的老板有自己的个人品牌，在社会上具有较高的影响力，能够在第一时间向消费者道歉，并严肃自查自罚，作出承诺，那么基于对企业老板的信任，消费者往往会选择相信他的承诺，企业也能够顺利度过危机。

企业品牌、产品品牌、个人品牌三者是相互联系、相辅相成的，但很多企业老板没有足够的财力和精力打造企业品牌和产品品牌，而老板自身是最核心的品牌资产，也是提供服务的第一人，老板的个人品牌等同于企业品牌。因此，要想吸引消费者，企业老板必须要有自己的个人品牌。

2.2.2 首席产品官

马化腾是腾讯的创始人，但他时常称呼自己为"软件工程师"，并表示自己"花大量时间用产品""很多bug（漏洞）都是我找到的"。在他的带动下，腾讯的员工也十分重视产品问题。在小米，雷军的第一定位不是首席执行官，而是首席产品经理，他会用大量的时间参加各种产品会议，和工程师们一起研究产品细节。很多产品的细节，就是在这一过程中决定的。

这似乎成为一种趋势，优秀的企业老板往往是一流的产品经理。凭借多年的技术经验，他们能够快速找到产品问题，调整产品优化方向，并以此为入口把握企业的经营。

消费者对产品需求的不断迭代，使产品成为商业竞争的重要因素，而让产品更加高效、更具创新性也成了企业老板的重要任务。正因如此，许多过去经常谈论战略、文化的企业老板，开始更多地谈论起产品。这也体现了企业老板的角色转型。

在这种形势下，企业老板如何才能成为一名合格的首席产品官？

首先，企业老板要做"匠人"。企业老板应当是一个专业型人才，如经营互联网企业就要懂技术，经营农产品企业就要懂得新品种的培育。

其次，企业老板要热爱产品，做产品的"发烧友"。企业老板要对产品和竞品了如指掌，明确产品的优势和不足，并据此规划产品更迭、研发的方向。此外，在对外发声、与消费者沟通的过程中，企业老板也要展示出自己在产品方面的专业性，以此赢得消费者的信任。例如，格力董事长董明珠就拥有深厚的产品知识，她不仅熟悉格力的发展史和每一款产品，可以细数竞争对手的产品特征，还了解整个行业的发展脉络。

最后，企业老板要懂得调动、引导员工和消费者的情绪。企业老板对于产品的热爱能够调动员工工作的积极性，刺激员工的创造力，同时感染消费者。企业老板需要参与企业内的各种产品会议，与员工就产品问题进行深入探讨，得出更好的产品解决方案，也可以通过各种社交平台和消费者沟通产品问题，了解消费者的反馈，接受消费者的合理建议，让消费者参与到产品研发的过程中。

2.2.3 首席转型官

市场中存在各种各样的变化和不确定性，如经济政策的变化、科技的发展、竞争对手的兴起等，这些都会改变企业所处的商业环境，迫使其不得不以变应变、以新应新。企业通过转型才可以化危机为机会，进行新一轮的战略升级和布局。帮助企业进行转型成了企业老板需要具备的重要能力，企业老板必须做好企业的首席转型官。

作为企业的首席转型官，企业老板需要做好两个阶段的工作。在企业转型的准备阶段，企业老板需要明确企业的愿景和发展路线，确定转型的各项行动与目标；在企业转型的执行阶段，企业老板需要管理好企业转型过程中的日常工作，既要纵观全局，也要注重细节。企业老板需要发现问题并提出解决方案，监控各项行动的进展与成果，了解阶段目标的完成情况，组织会议，确保员工职责明确并按计划开展工作。

具体而言，企业老板要做好首席转型官，需要做好以下4个方面。

（1）坚持不懈

许多企业转型失败的原因在于虎头蛇尾，在没有做好转型准备时就展开行动或在转型未完成时就开始庆祝成功。要做好企业转型官就要避免以上两种情况。在进行企业转型之前，企业老板要制订好完善的转型计划，明确计划的目标和员工职责，同时针对转型过程中可能出现的问题提前设计好解决方案。在转型计划实施的过程中，各项行动的实施流程以及员工的实施进度都是存在变数的。企业老板需要坚持不懈地审视转型的各项行动，寻找其中不合理的地方并提出解决方案。

（2）高度警觉

企业老板必须确保员工根据企业转型的计划，在正确的时间做正确的事。这意味着，企业老板必须保持高度警觉，及时发现可能阻碍转型计划实施的缺陷与复杂状况。企业老板需要不断地在整个转型计划中寻找风险可能发生的迹象，通过观察各方协同效果，预测哪个环节在哪个时间可能会出现问题，以及时将风险扼杀在摇篮里。

（3）具有灵活性

企业不断地采用新的技术、服务，通过调整组织架构和流程来推进企业转型。持续的变化可能会和员工的稳定性、员工的期望等存在冲突。因此，随着转型计划的实施，企业老板需要在转型的必要性与员工对稳定性和一致性的期望之间寻求平衡。在有条不紊地实施转型计划的过程中，企业老板也要对转型计划进行必要的、灵活的调整，以应对不可预见的问题，或随着时间的推进逐步完善转型计划。

（4）为转型做表率

让员工改变他们以往的工作方式，引导员工形成新的工作模式是企业老板作为首席转型官的职责。企业老板需要先改变工作计划制订、绩效评估等的工作方式。在落实了新的工作方式之后，企业老板就要确保这些行为变化会成为常态。

企业老板需要向员工展示转型对他们的意义，以及他们需要做出的具体改变。这一点在实施方面比较困难，为了克服阻力和内耗，企业老板需要率先改变自己的工作方式、工作行为等，为员工做出表率。

　　企业转型并非一蹴而就的事，而是一项长期的变革。要想做好企业转型，企业老板就要扮演好企业转型官的新角色，制订完善的企业转型计划，监督计划的实施并引导员工做出改变。

2.3　传播方式大转型：老板即企业

　　在旧营销时代，很多企业老板都不愿走到台前，不愿在聚光灯下宣传自己的企业、讲解自己的产品，但是在当前的"互联网＋"时代，一切已悄然改变。乔布斯身穿牛仔裤、圆领衫，手持产品亮相于聚光灯下的形象，成为一个标志性的符号，开启了企业老板走到台前营销自我的新营销时代。大批企业老板不再低调，纷纷走向前沿阵地，亲自宣传企业的理念，推销企业的产品，参加各种社交活动，在社交媒体上与消费者亲切互动。在传播方式大转型的背景下，企业家开始扮演多重角色，并在企业品牌营销的过程中发挥着越来越重要的作用。

2.3.1　老板心智塑造品牌

　　在信息不对称的大众传播时代，广告在品牌建立的过程中发挥了重要作用，但是相比于广告，如今的消费者更相信亲朋好友的推荐，更相信根据各类搜索到的信息得出的综合判断。品牌树立的市场逻辑已发生改变，最后能为品牌塑形的作用力回归本源——企业老板的心智。老板有什么样的心智，管理团队和员工就有什么样的心智，最终形成企业理念、产品主张、服务承诺等与消费者心智的同频共振。如果企业老板做到了这一点，那么企业品牌也会快速成长。

苹果公司的品牌十分强大，这是因为乔布斯拥有"Think different（非同凡想）"的心智模式，并以此凝聚团队、创造产品，引发消费者的共鸣。雷军同样拥有强大的心智，凝聚了一批志同道合的优秀人才，与一群追求性价比的消费者产生了心智上的共鸣。

一个品牌能否取得成功，以及取得多大的成功，与企业老板的心智模式密切相关。企业老板的心智模式表现为老板每天所采取的行动和企业的经营活动，而这一切可以通过网络等媒介传达到消费者心智，影响消费者的决策。这是企业家走到台前发挥巨大作用的原理所在。

许多企业老板纷纷走到台前，为产品宣传造势，甚至为自己的品牌代言，这能够更加深远地影响消费者的心智。如果企业老板请明星为企业代言，消费者往往会认为这只是一个广告，而如果企业老板以自己的信誉为企业代言，则会大大加深消费者对于企业的信任度。

2.3.2 老板是核心节点，链接其他节点

在人与人之间的关系方面有一个"六人法则"，指的是任意两个人的关系带确定在六个人左右，两个陌生人可以通过六个人建立联系。如今人与人之间的联系十分简单，通过社交媒体就可以直接联系到想联系的人。互联网将所有人联系在了一起，形成了一个巨大的网格世界。在这个网格世界中，每一个人都是一个节点，发出或大或小的光芒。影响力巨大的意见领袖发出的光芒较大，普通人发出的光芒较小。企业老板作为更成功和更有影响力的节点，就是网格世界的核心节点之一。企业老板的经营理念、对行业的理解、对趋势的把握等，与其他节点上的人相比有着更大的影响力。通过网格的连接，这种影响力可以快速扩散出去。企业老板走到台前为企业站台、为产品代言，能够发挥巨大的作用。

例如，雷军和他的团队以及粉丝在微博上就形成了一张巨大的、充满众多节点的网格，小米的任何一条产品信息都可以通过这一网格世界传递到更远的地方。这样的传播方式快捷、信息可控、真实，是广告传播不可比拟的。

在这个网格世界中，企业老板应利用自己的影响力发光发亮，只有将自己的能量释放出来，才能够带给消费者信心，获得消费者的信任。

2.3.3 互联网为营销提速

互联网能够为营销提速。企业老板借助互联网与外界联系，呈现的是企业到市场的最短路径。在以往的营销模式中，企业老板在办公室里发出指令，经层层传递、精心准备，然后呈现给消费者。而借助互联网，企业老板可以随时通过媒体发布企业重大信息、回应消费者提出的反馈；可以通过社交媒体回答消费者关于产品的各种询问和质疑。赞誉及时分享，问题及时解决，这就是现代企业营销应有的效率。

企业老板可以和消费者建立全天候的连接，这是重大的机遇，而不是挑战。企业老板通过微博、微信等社交媒体与消费者实时互动，已经成为企业与消费者沟通的常态。企业老板可以第一时间向消费者公布产品信息，第一时间就企业遭遇的危机做出回应。企业老板拥有大量的企业信息和情报，也拥有最高的决策权，这能够大大提高企业营销、解决问题的效率。

基于这种优势，企业老板有必要从幕后走到台前，借互联网的高扩散性与消费者互动，发挥自己的更强势能。具体而言，企业老板需要做好以下几个方面。

（1）展现理念和价值观

在借助互联网进行营销时，企业老板需要保证自己言行的正确性，即企业老板需要明确自己的理念和价值观，并在营销的过程中将其展示出来。企业老板可以著书、发表演讲等，但这些内容都要展现企业老板一贯的理念和价值观，不能与之冲突。

（2）保持对产品的热爱

很多企业老板在企业发展到一定阶段就会转向关注企业的战略，不再关注自己的产品，这是企业老板需要避免的。产品是连接企业老板和消费者的纽带。如果企业老板对自己的产品始终保持关注和热爱，在每一款新产品研发、设计和上市的过程中都通过社交媒体向消费者征求意见，那么企业老板就能够通过产品与消费者频繁互动，实现更好的产品营销和个人营销。

（3）身体力行创故事

品牌需要讲故事，讲好故事已成为现代营销的必要条件，但只讲故事是无法赢得消费者的长久信任的。企业需要站到台前来，身体力行创故事。现在越来越多的企业老板为企业代言，这是一种进步。代言不只是拍广告，还要求企业老板身体力行，到第一线为企业站台，解决各类问题，这种"创故事"的行为比讲故事更可信，也更有感召力。

（4）善用自媒体

自媒体是企业老板进行营销的重要渠道，一位在自媒体上活跃的企业老板，能够轻易地收获大量粉丝。有了粉丝，企业老板宣传企业和产品、与消费者互动、倾听消费者的反映等都将变得更加快捷。如果企业老板的自媒体能够和企业其他管理者的自媒体、企业自媒体等组成自媒体矩阵，那么营销的效果将数倍放大。

在互联网为营销提速的当下，企业老板要抓住这种机遇，积极开展营销活动，为企业品牌和个人品牌造势。

第3章

定位聚焦：助力老板快速"出圈"

在打造个人品牌之前，企业老板首先要认清楚自己是谁，明确个人品牌的定位。企业老板要从能够体现自身优势的角度出发，打造自身专业性，高度聚焦目标人群进行内容输出，使目标人群转化为企业老板的粉丝。同时，企业老板要确定并强化自身标签，加深粉丝对自己的认知，并通过个人品牌的传播放大个人价值。

3.1 找到优势位置

企业老板要找到自己的优势位置进行个人品牌定位，做自己擅长的事，同时也要激活自身优势，打造个人品牌的特点。此外，企业老板也要塑造网络口碑，促使消费者自发传播，以稳固个人品牌定位。

3.1.1 做最擅长的事

企业老板可通过以下方法明确自己的优势位置。

首先，企业老板要分析自己，如在哪些方面存在优势、所在行业的发展前景、有什么可利用资源等。只有深刻地认识自己，才能找到自己的优势，从而不断强化优势。如果方向错误，再努力也达不到想要的结果。

其次，企业老板需要明确自己在哪个领域能够建立独有的优势，能够进入这个领域并名列前茅。个人品牌并非只能定位在一个领域，交叉赋能能够使个人品牌定位更加鲜明、突出。如果企业老板对某一领域十分了解，对另一领域也十分擅长，就可以在这两个领域的交叉地带明确个人品牌的定位。这一定位也是最能展现企业老板优势的地方。

例如，某企业老板主营的产品为智能AI产品，其本人对互联网领域和人工智能领域都十分了解，能够提出自己独到的见解，这位企业老板就可以定位于互联网和人工智能的交叉点，将自己打造为互联网人工智能专家。

3.1.2 打造自身特色

个人品牌的定位不仅包括基于本职工作的"某企业老板"的身份定位，也包括社会价值的延伸定位，这是基于企业老板的兴趣爱好、慈善事业或第二职业形成的。这两方面的定位能够相辅相成。企业老板需要明确自己的身份定位和社会价值的延伸定位，打造自身优势。

劲牌董事长吴少勋是一位成功的企业老板，他带领企业进行非饱和销售，始终以消费者为中心，坚持用产品质量赢得消费者的认可。他在本职工作方面的努力让更多的人认识到了这位中国保健酒领军企业的董事长。

除了是一名成功的企业老板之外，吴少勋也是一位知名的慈善家。他曾出资2200万元完善"普九"教育设施；出资1.67亿元创办助学"阳光班"；出资1.426亿元用于精准扶贫等。历年来，吴少勋及其企业在公益慈善事业方面投入的资金超过20亿元。而这也使他"慈善家"的个人品牌深入人心。

如果企业老板在具有身份定位的同时也具有社会价值的延伸定位，在这两方面定位发力能够更好地建立企业老板的个人品牌。身份定位和社会价值延伸定位的结合能够打造企业老板身份定位的特色。例如，某企业老板既是某领域知名的企业家，又是一名登山爱好者。登山爱好者这个身份能够体现出企业老板不畏艰险、勇攀高峰的精神，那么企业老板也就可以打造自己不畏艰险的商界领袖形象。

企业老板可以借身份定位和社会价值的延伸定位激活自身优势，身份定位能够展现企业老板在本职领域的专业性和成功之处，社会价值的延伸定位能够展现企业老板的社会贡献和社会影响，也能够丰富企业老板的身份定位。

3.1.3 树立网络口碑

找到个人品牌定位的优势位置之后，企业老板还需要通过宣传自己的个人品牌，加深消费者对于个人品牌的印象，树立网络口碑，从而稳固个人品牌。

某律师事务所老板毕业于知名大学法律系，为打造个人品牌，展现自身专业性，他活跃于微博、校友圈和一些法律论坛，对网友提出的问题进行解答，为同行出谋划策、科普法律知识。久而久之，他积累了一大批粉丝，树立起了网络口碑，其个人品牌形象也越来越鲜明。

企业老板应如何树立网络口碑？企业老板可以就专业领域内的事情发表自己的看法，展现自身专业性，时事新闻可以为企业老板提供丰富的素材。对时事新闻的洞见不仅可以充分体现企业老板对社会的关注，还可以让消费者了解企业老板思考问题的深度，进而引起共鸣。观看时事新闻是很多消费者的习惯，如果将企业老板的曝光与新闻事件巧妙结合在一起，不仅不会让消费者产生反感，还会提升企业老板的知名度和受关注度，从而树立起网络口碑。

那么，企业老板应如何对时事新闻发表洞见？

首先，企业老板要找到合适的角度。如企业老板具有丰富的法律知识和法律经验，就可以对某些时事新闻进行法律方面的解读，借此展现自身专业性。在发表洞见的时候，企业老板必须站在消费者的立场上输出正确的价值观。只有这样，才不会引起消费者的反感，才可以提升洞见的真实性和价值。

其次，企业老板要选择合适的时事新闻。那些规模较大、在行业内较为知名的企业的老板可以针对行业趋势、技术发展等大型的时事新闻发表看法，而那些规模比较小的企业或者知名度较小的企业的老板，最好选择热门的、有可读性的时事新闻进行讲解，以便获得消费者的信任。同时，在发表洞见时，企业老板还要展现自己的思维能力，最好提出有效的解决措施，以便获得消费者的认可，树立网络口碑。

最后，企业老板要选择恰当的平台。微博、抖音、知乎等平台聚集着大量流量，企业老板可以在这类平台上与消费者互动，为其答疑解惑，展现个人品牌形象和自身专业性。久而久之，企业老板就可以聚集起自己的粉丝并建立起网络口碑。

3.2 高度垂直

个人品牌的定位要高度垂直，即企业老板需要将行业领域进行细分，专注于个人的垂直专业领域，体现出个人在该领域内对资讯、观点的独特看法，从而获得该领域目标人群的认可。个人品牌定位有目标，营销效果才会好。为此，企业老板要将自己打造成某一细分领域的专家，瞄准目标圈层和目标人群进行个人品牌营销。在将目标人群转化为自己的粉丝后，企业老板也要通过社群运营粉丝、留存粉丝。

3.2.1 专一性：做专家不做通才

企业老板在个人品牌定位方面应具有专一性，即将自己打造成某一领域的专家。只有在自身垂直领域里足够优秀，足够权威，企业老板才更容易获得消费者的信任。例如，某企业的主营业务是英语培训，那么企业老板就一定要懂英语，有专业的英语知识。那么，企业老板如何成为垂直领域的专家？

格拉德威尔在《异类》一书中讲到："人们眼中的天才之所以卓越非凡，并非天资超人一等，而是付出了持续不断的努力。1万小时的锤炼是任何人从平凡变成世界级大师的必要条件。"在信息时代，信息呈爆炸式增长，只有不断将各种信息内化成我们需要的知识，经过1万小时的锤炼，才能提升个人能力，成为某个领域的专家。具体而言，企业老板需要做好以下几个方面。

（1）培养成长型心态

心理学教授卡罗尔·德维克通过一个字谜实验意识到有的人能从失败中

汲取动力，他们区别于其他人的地方，在于其持之以恒的信念，他们相信成功和才能，都是挑战中因努力获得的，而非固定值。这种心态就是成长型心态。相反，认为才能天生具备的人，就是固定型心态。

心态是企业老板成为垂直领域专家的基础，拥有成长型心态的企业老板更愿意接受挑战与反馈，并会更快地调整。这个能力是将知识化为己用的基础，也是成为一个专家的必备技能。试想，一个消极、不自信的人，又怎么能获得大家的信任，成就一个个人品牌呢？

（2）发现自己的热情

完成心态转变之后，就初步具备了成为一个专家的技能，然后企业老板就可以开始打理自己了。

企业老板打理自己的第一步是明确自己所处的领域，即希望自己在哪个领域有所建树，这是企业老板安身立命的基点。只有聚焦到一个细分领域，才有可能深入并有所建树。若只是粗略地确定一个方向，精力分散，则很难成为专家。

所谓"狐狸多技巧，刺猬仅一招"。虽然不能强行分出优劣，但无疑只有刺猬才能被叫作专家，而狐狸虽然会很多技能，但没有一个做到了极致。管理学家吉姆·柯林斯在《从优秀到卓越》一书中指出："一些实现了从优秀到卓越跨越式发展的企业，都坚持了简单而深刻的所谓的刺猬理念。"

显然，这个道理对企业老板也适用，企业老板之所以能成就个人品牌，是因为其在某一个方面有独特性，而这个独特性在为其带来利益的同时还能为他人带来价值，久而久之企业老板自然就成了这个领域的专家。

最后，企业老板要找到自己的热情所在，只有对一个事物充满热情，才能全力以赴，同时也更容易发挥出超越同行的专业能力。

（3）构建知识体系

企业老板成为垂直领域专家最重要的一点就是构建完善的知识体系。只有有丰富的专业知识背书，个人品牌才能不是"空架子"。

企业老板要先系统地学习所在领域的知识，从研读经典开始，勾勒出整个知识体系的总体框架，指引后续的学习方向，然后围绕一个具体的主题进行学习，深入地将这一部分理解透彻，最后要形成自己的学习方法，关注行业动态，及时更新自己的知识。

（4）坚持刻意练习，循序渐进地积累

专家是经过1万小时的锤炼才造就的，任何一个领域的知识，都必须从一点一滴开始积累，才能精通。

心理学家埃里克森研究发现，很多专家从小就开始通过刻意练习来提升自己的技能，所谓的"天才"其实是多年高强度练习的结果。天才演奏家往

往从4～6岁就开始练习，20岁成名时已经积累了近1万小时的练习量。

毫无疑问，领域专家的造就是离不开刻意练习的。正如西方谚语所讲："机遇总是青睐有准备的人。"

综上所述，要想成为垂直领域的专家，企业老板就要有不怕试错的心态、钻研一个领域的专注、丰富的知识背景以及万年如一日的积累。只有做到这些，企业老板才能比普通人更值得相信，更有成就一个个人品牌的资格。

3.2.2 圈层精准：锁定目标人群

圈层是对特殊群体的概括，正如物以类聚、人以群分，圈层就是某类具有相似经济基础、相似需求的人形成的圈子。企业老板精准定位圈层，找到真正有需求的那类人，才能实现精准营销，避免对牛弹琴。

首先，企业老板要定位目标人群。个人品牌的目标人群定位和产品的目标人群定位是一致的，企业老板可以通过性别、年龄、消费水平等方面的定位明确产品的目标人群，这同样也是企业老板个人品牌定位需要瞄准的人群。

其次，企业老板要定位个人品牌营销渠道。企业老板需要明确个人品牌营销是选择线上还是线下或是二者相结合的方式，线上采用什么方式，线下参加什么活动等。

最后，企业老板要定位营销目标。企业老板需要明确个人品牌的营销通过什么样的方式向哪一类目标人群营销，在一定时间段内要达到什么效果等。进行目标定位有利于企业老板根据目标合理地开展个人品牌营销活动。

锁定目标人群进行个人品牌营销，可使个人品牌营销在一定时间内转化的效益最大化。个人品牌精准定位带来的精准营销可使企业老板在打造个人品牌大战中更具优势，从而战胜对手，赢得最后的胜利。

3.2.3 形成社群：圈起你的粉丝

当企业老板拥有一定数量的粉丝之后，建立社群是十分有必要的。社群的建立能够维护粉丝、留存粉丝。有了众多忠实的、活跃的粉丝，企业老板的个人品牌才会有发展的基础。在建立社群时，企业老板要做好以下几方面的分析工作。

首先，要对自身的优势进行分析，明确自己的专业优势、产品优势等。明确了自身优势，才能明确自己所能吸引到的粉丝类型。

其次，要对社群内容进行分析。内容是社群的核心，企业老板要根据企业的产品确定社群的内容。如某企业生产销售各类电子产品，那么企业老板就可以在社群中讲解与之相关的产品知识、技术知识等，也可以在社群中发布产品的各种优惠，激发粉丝的购买欲。在发布内容的风格方面，企业老板可以以文字、图片等方式发布内容，也可以创造风格独特的漫画、短视频等内容，彰显社群特色。

最后，要对社群粉丝进行分析。企业老板可以从以下两个方面入手分析社群粉丝。

① 目标粉丝：企业销售的产品决定了社群的目标粉丝，所有对产品有需求的用户都是社群的目标粉丝。

② 粉丝结构：要分析社群中有哪些类型的粉丝，准确分析粉丝的结构类型对维护社群和扩展社群规模都能起到重要作用。

明确了目标粉丝和粉丝的性别、年龄等，企业老板可据此进行更精准的社群内容推送，并根据粉丝的特点和需求设计社群活动，以此吸引粉丝。

3.2.4 KOL：为某一领域发声

KOL指的是在某一领域具有超强影响力和感染力的意见领袖。随着粉丝经济的发展，KOL的影响力也越来越大，他们拥有一大批粉丝，行为举止也会受到粉丝的热切关注。基于此，在建立个人品牌时，企业老板与该领域内的KOL合作，可以借KOL的影响力扩大自身个人品牌的影响力。

例如，杨丽是某化妆品企业的老板，为了明确个人品牌定位，扩大个人品牌的影响力，她与美妆领域一名极具影响力的主播合作进行了直播。在直播开始时，该主播对本期直播用到的产品进行了介绍，并感谢了这些产品的赞助商——杨丽。随后，主播以杨丽为模特为她化了一个新款妆容。在化妆的过程中，主播问了许多关于产品的问题，杨丽一一进行了回答，同时也进行了化妆技巧方面的探讨。

妆容完成后，杨丽依照主播刚刚的讲解为主播化了一个一模一样的妆容，引得直播间的粉丝连连惊呼。化妆环节结束后，杨丽和主播又与粉丝进行了积极互动，回答了粉丝提出的诸多问题，强调了产品的安全性、不刺激等特点，同时也向粉丝分享了许多化妆品方面的专业知识。

一场直播下来，许多粉丝纷纷被这位专业能力超强的企业老板圈粉，杨丽的个人品牌形象也更加立体、鲜明。

KOL本身具有鲜明的细分领域定位、广泛的粉丝群体和巨大的影响力，如果企业老板在明确个人品牌定位后，选择和该领域内的KOL合作进行个人品牌宣传，那么就能够借助KOL的影响力巩固个人品牌、扩大个人品牌的影响力。

一般来说，企业老板若选择和KOL合作，那么最好选择某领域的资深KOL。这样的KOL具有更高的影响力，积累的粉丝也具有非常高的黏性。此外，除了保证KOL的影响力外，企业老板还应该注意以下三个方面。

（1）注重选择的渠道

在选择要合作的KOL时，要保证渠道的多样化。企业老板可以请朋友推荐合适的KOL，也可以通过公开竞聘的方式选择。在公开竞聘之前，必须设立一定的门槛。企业老板还可以让粉丝参与进来，了解粉丝的想法，如在微博上发起投票活动，询问粉丝希望看到自己和哪位KOL合作。

（2）注重KOL的声誉

一个人的声誉可以在很大程度上决定他在人们心中的地位，如果一个人的声誉不好，则难以获得大量粉丝的喜爱。如果企业老板选择了声誉不好的KOL，不仅不能巩固个人品牌，还会对自己的声誉造成不良影响。

因此，在选择KOL之前，企业老板需要对KOL的过往经历、声誉等进行调查，选择那些声誉良好、有真才实学的KOL。与这样的KOL合作时才能够收获更多的粉丝，才能获得更多粉丝的喜爱，进而促进企业老板个人品牌的建立和宣传。

（3）注重KOL的言行

KOL在与企业老板合作、为企业老板的个人品牌做宣传的时候，不能出现不当的言行。企业老板必须就此和KOL达成约定，并设立相应的规则。例如，不要在公开场合说脏话、不要在微博上发布过激言论、不要传递负能量及不良信息等。

借助KOL的影响力，企业老板能够在目标人群心中留下更深刻、更鲜明的印象，能够将更多的潜在粉丝真正转化为自己的粉丝。

3.3 强化个人标签

在内容碎片化、时间碎片化的移动互联网时代，要想让人记住自己的个人品牌，企业老板就需要明确并强化自己的个人标签。企业老板需要思考如何为自己设计一个贴合实际的标签，让标签被大众认识及接受。

积极正面、贴合实际的标签有助于增强消费者对企业老板的记忆，也容易给企业老板带来更高的话题度，从而使个人品牌更好地建立。同时，企业老板的个人标签也要有个性，突出特色。

3.3.1 标签提升辨识度

在信息爆炸的时代，企业老板要想让更多的消费者了解自己，建立良好的个人品牌认知，就需要给自己贴一个合适的标签。标签带给企业老板的不仅是话题讨论的热度，同时还有利于传播企业老板的价值观和理念。这样更容易让消费者记住企业老板的个人品牌，拉近企业老板与消费者之间的距离。

目前，很多企业老板都没有标签，即便这些企业的规模、影响力及企业市值远超很多企业，但就企业老板个人的话题关注度、网络影响力而言，远不及后起之秀雷军、罗永浩等人。

罗永浩讲了一个理想主义的故事，不仅向世人宣告自己是谁，还聚集了一批理想主义的人在周围。罗振宇曾问罗永浩："锤子科技为何不把粉丝称作'锤粉'，而是称之为'锤友'？"罗永浩的回答非常坦荡："他们并非我的粉丝，而是某种价值观、信仰的认同者，而我身上的某种行为，或多或少也存有这种价值观的表现。"

在竞争激烈、垂直细分的行业，标签更要细分精准。如果企业老板的个人标签不能引起消费者的兴趣，那么也就失去了刺激消费者搜索产品的机会。有一个合适的标签能够提高企业老板的辨识度，加深消费者对于企业老板的认知。

企业老板应如何给自己贴标签？

企业老板要思考"我是谁，从哪来，到哪去"等问题，找准自己的定位，明确自身所处的环境、位置，为个人品牌制定清晰的发展方向，从而给自己贴上最合适的标签。同时，企业老板要懂得如何向消费者表达自己的标签，以此一遍遍地加深消费者的认知。

此外，企业老板选择的个人标签一定要与消费者的价值观相吻合。消费者通过企业老板的个人标签能够直观地感受企业老板的价值观与性格，将这种标签向外传播，形成独特的标志，可以使消费者一想到某个标签就想到拥有该标签的企业老板，提高消费者的认同感。

3.3.2 体现个性：建立个性化

市场竞争的根本是消费者心智资源的竞争，在打造个人品牌时也要竞争消费者的心智资源，而为自己打造一个独占品类的个性化标签就是争夺消费者心智资源的有效手段。

第一个进军电商的企业不是阿里巴巴，但许多人都记住了马云。原因就在于马云将企业做到了品类第一，利用差异化的优势率先占据了消费者心智。而对于个人品牌的打造而言，企业老板也要为自己贴上个性化标签。

李佳琦是口红领域知名的美妆达人，曾创下5分钟卖完15000支口红的辉煌战绩，被称为"口红一哥"。"口红一哥"是李佳琦的个性化标签，他也因此成就了自己的个人品牌。那么李佳琦是如何成功打造自己的个性化标签的？主要表现在以下三个方面。

（1）IP属性聚焦、单品类占领

IP属性聚焦：美妆达人。

单品类占领：口红领域。

在创建个人品牌之初，李佳琦的短视频和直播内容都聚焦于美妆领域，准确来说是口红领域。在推出每一期视频时，李佳琦都会在标题板上注明本视频试色的口红类型。这样的固定模板格式化可以不断加深观众对他的印象，有利于打造个性化标签。

（2）反差力让人印象深刻

美妆达人的视频有很多，而李佳琦的成功之处就在于他创造的反差力。美妆达人多为女性，而李佳琦男性的身份就为他创造了反差力。相比于观看女性美妆达人的视频，更多人会好奇这位"口红一哥"的美妆视频。这样的反差力使得李佳琦的个性化标签更具吸引力。

（3）价值观明确

李佳琦在口红试色的过程中，价值观十分明确。对于好的产品，李佳琦会连连惊叹，并号召观众"买它"；对于不好的产品，他也会直接表示"不好看""不推荐"。价值观明确的特点也是其个性化标签的内容之一。

李佳琦"口红一哥"的个性化标签是十分突出的，而个性化标签成功为其打造了个人品牌。对于企业老板来说也是如此，企业老板也要为自己明确一些个性化的标签来定义自己的个人品牌。

个性化的标签就是不同于他人的标签，很多企业老板都将"敬业""专业"打造成自己的标签，但这样的标签往往难以突出个人特色。从自己与众不同之处打造个人标签，更能加深消费者对于标签的印象。

提起网易CEO丁磊，业界往往称其为"首席产品经理"，但是在众多的网易用户心里，有另一个标签更让人印象深刻，那就是"音乐爱好者"。

丁磊曾在一封给用户的回信中表示"我是丁磊，一个音乐爱好者"，而这一标签并不只是说说而已。丁磊在音乐方面表现了超乎寻常的热爱和执着，曾经网易云音乐要推出一个黑胶唱片模板的UI界面，丁磊不但要求界面要做到"形似"，更要做到"神似"，即唱片模板在转速上要符合真实的黑胶唱片。为了达到理想的效果，他让团队调试了数十次，最终获得了最理想的界面。此外，丁磊也时常和用户沟通，向用户推荐他喜欢的歌单。

在打造个性化标签时，企业老板也需要规避一些误区。如有的企业老板为了赢得消费者的喜爱，会为自己打造完美标签，但这一标签必然是不真实的。企业老板需要真实地面对消费者，坦然面对自己的不完美。很多时候，企业老板自身的不完美特性也可以成为其个性化标签。例如"雷氏英语"就是雷军的个性化标签，这个标签来源于雷军不太标准的英语发音，但这样的标签却会凸显雷军的个性，加深了消费者对雷军的印象，使雷军的个人品牌因这一标签而更加深入人心。

3.3.3 雷军："劳模"标签深入人心

2020年8月11日，雷军进行了一场主题为"一往无前，致敬过去、现在、未来每一位不惧考验，选择'向前'的人"的演讲，在演讲中回顾了小米的创业、发展经历，并发布了新品，引得一众"米粉"激动万分。小米今天的成就离不开雷军这一"劳模"的努力。

雷军本身就是一个手机发烧友，玩过非常多的手机，曾在微博上公布的手机有上百款之多。小米成立后，雷军曾在一年内使用了14款小米手机，亲自担起了小米内部第一测试员的重担。在小米创立之初，雷军就为自己贴上了"发烧友"的兴趣标签，以此与这一群体站队，宣告小米就是要提供极具性价比的产品。

2017年，小米的营业额突破千亿元。为达到这一成就，华为用了21年，苹果用了20年，阿里巴巴、腾讯用了17年，而小米只用了7年，这离不开雷军的努力。雷军往往凌晨一两点下班，下午三四点吃中饭，晚上十一二点吃晚饭，从来没有员工在食堂看见过他，因为时间都错开了。

雷军曾说："除了拼命工作之外，世界上不存在更高明的经营诀窍。"创业不是一件简单的事情，一个成功的企业老板也不是那么容易就造就出来的。从金山词霸到杀毒软件再到WPS，雷军都是事必躬亲，当年为了进军游戏市场，雷军通宵玩游戏测试产品质量。小米之家开业，雷军也要身体力行，更何况是小米手机的发布。每次小米手机发布之前，他都亲自为旗下大小手机产品代言。

雷军会累吗？当然会，但他"乐此不疲"，他是在为了自己的信念和梦想奋斗，所以他愿意为了企业去奉献自己，去创造价值。他的勤奋不是所谓的用来感动自我的廉价勤奋，而是由心中坚定的信念驱使着的，不顾一切拼命工作的一种精神。所以他成就了金山软件，成就了小米科技，也成就了他自己。

雷军曾说："如果你要实现与众不同的梦想，付出不比别人多，怎么可能成功？难道智商比别人高一大截？难道你真的有特别的资源？成功没那么简单，只有一个秘诀：认真拼命工作。"大厦不是一天建成的，需要水滴石穿地坚持。成功可以是一项事业，也可以是一个爱好，或是一个小目标。但不管是什么，都需要有"认真"的态度、"拼命"的精神、"不懈"的努力。

3.3.4 乔布斯："追求极致"

马克·吐温说："人的思想很了不起，只要专注于某一项事业，那就一定会做出使自己吃惊的成绩来。"成功人士往往都有着非常专注的精神，会把一件事做到极致，其中的代表就是苹果公司的创始人史蒂夫·乔布斯，而"追求极致"也成了他的一个突出的标签。

乔布斯的一生十分传奇，他经历了苹果公司几十年的起落与兴衰，改变了现代通信、娱乐和生活方式。没有乔布斯这样一个追求极致的人，就不会有苹果公司，不会有那些划时代的产品。乔布斯对于极致的追求体现在哪里？

1997年乔布斯重返苹果后，当时苹果的整个产品布局十分杂乱随意，正在生产不同系列的电脑和外设产品，其中包括十多个版本的Macintosh。在长达一星期的产品总结会后，乔布斯终于受够了。他画了一个2×2的表格，在两栏的顶端，他写下"消费者"和"专业人员"，在两行的前端他写下"桌面"和"便携"。他告诉团队，他们的工作就是要生产表格的每一格代表的每一个产品，其余的产品应该全部取消。

乔布斯通过让苹果聚焦于生产四种电脑，成功地挽救了企业。"决策不去做什么和决策去做什么同等重要，"他说，"这道理适用于企业，也适用于产品。"

由此可以看出，乔布斯极致专注，用少即是多的思维，把精力聚集到一个细分的点上，才有可能成为这个领域的极致，得到消费者的认同。与其面面俱到，不如将一点做好，将细节做好。他把所有的专注都用在了把产品做到极致上，才能带来最好的产品。

乔布斯经常在一款苹果产品的开发中"按下暂停键"，重新回到画板上进行设计，只因为他对完美的极致追求。

某家Apple商店开张在即，乔布斯和他的店面指导罗恩·约翰逊希望商店的布局除了按照产品分类，还可以按照活动分类，于是决定延迟数月来重新设计店面的陈列方式。在设计iPhone的时候，iPhone的原始设计是将玻璃镶嵌到一个铝制的外壳中，但一个周一的早上，乔布斯找到艾维说："我昨晚一夜没睡，我发现我不喜欢这个设计。"艾维几乎瞬间就意识到乔布斯是对的。他回忆道："乔布斯的这个发现让我无比尴尬。"

在iPad设计的收尾阶段，又发生了类似的事情。有一次，乔布斯看着原型机，觉得它不够随性和友好，他希望给用户传递的信号是用户可以随意用一只手拿起iPad。所以最后乔布斯和艾维决定iPad的底部应该设计为圆角，这样用户就可以舒服地拿起iPad而不用小心翼翼地捧在手中。然而这种想法意味着要把所有的接口和按键集成在向下渐变的一个椭圆形区域内，乔布斯一直等到实现了这一点才发布iPad。

对于极致的追求成就了乔布斯，许多苹果公司的员工因此对他心生敬佩，而众多的"果粉"也更加信任他，信任苹果公司推出的产品。直到现在，当人们提起乔布斯时，仍会想到他追求极致的种种事情。

3.4 传播自己，放大个人价值

在确定了个人品牌的定位之后，企业老板就需要通过传播自己来放大个人价值。在这方面，打造符合自己的语言钉和视觉锤可以加深消费者对于企业老板的印象，同时，一个会讲故事的企业老板更容易获得消费者的认同。另外，企业老板懂得幽默、会造"梗"，也会使得自己的个人品牌加速传播，从而深化个人品牌。

3.4.1 语言钉：提炼代表你独特观点的金句

语言钉是指代表品牌观点、价值、个性的词语或金句。比如雷军的"为发烧而生"，马云的"让天下没有难做的生意"等。语言钉就是用一句话，将企业老板的个性展示出来，形成个人的标签。当然，其内容的设计要精心打磨，不能是空洞的话，而是有针对性、有说服力、有逻辑性的语言。

简单即王道，语言钉用一个词或短语就占领了消费者心智，显然是一种无比高效的宣传策略。消费者提到安全汽车就会想到沃尔沃，提到大吸力抽油烟机就会想到老板抽油烟机，提到去屑洗发水就会想到海飞丝，这些品牌反复在消费者耳边重复"安全""大吸力""去屑"这些词，强化产品定位，用语言占据了消费者的心智。

对于企业老板的个人品牌来说也是如此，简单明了的语言钉能够加深消费者对于企业老板的印象，在消费者谈论、传播这一语言钉的同时，企业老板的个人品牌也会随之传播。

语言钉不是口头禅，而是能够体现企业老板独特观点、独特个性的个人语录或金句。例如王健林的"先定个小目标"，马云的"我对钱没什么兴趣"等。这些语言钉与企业老板紧密联系在一起，当消费者听到这些话时，就会想到对应的企业老板本人。

同时，由于这些语言钉足够独特，引起了许多媒体和消费者的广泛传播，为消费者提供了谈资，在消费者谈论这些语言钉时，也会一遍遍地加深对王健林、马云等人的印象。

如何打造自己的语言钉？语言钉可以是企业老板的理念、价值观等，要对其进行提炼，另外在保证语言钉精简的前提下，还要保证语言钉的独特性，即语言钉要达到一种"语不惊人死不休"的效果。只有这样，语言钉才会吸引媒体报道，吸引消费者谈论。

同时，语言钉体现出的价值观必须要正确，这是打造语言钉的基本要求。有的企业老板为了追求语言钉的独特性，打造了价值观不正确的语言钉，这对企业老板个人品牌的建立和传播是极为不利的。

语言钉虽然简短，但它所带来的价值却是巨大的，企业老板只要根据自己坚持的理念、价值观等明确自己的语言钉，就能用精练的语言表达个人品牌的内涵。在接下来的时间里，企业老板要做的就是不断向消费者强化这一语言钉，让他们记住自己的个人品牌。

3.4.2 视觉锤：维持符合人设的形象

很多企业老板在建立个人品牌的过程中都会忽视视觉锤。实际上要建立成功的个人品牌，不仅需要语言钉，更需要视觉锤。因为个人品牌需要能强化语言概念的视觉效果。视觉锤是将语言这个钉子钉入消费者心智的工具，其为个人品牌创造的价值远超文字。

人类的左脑和右脑分管不同的功能，左脑是逻辑处理器，右脑是情感处理器。图像可以富有情感，而文字却不会，比如一张小孩子的照片会比"孩子"这个词唤起人们更多的爱心。再比如，人们在看电影时很容易哭或笑，但看书时却不会。图像可以唤起人们的感情，即使电影和书讲了同一个故事，带给人们冲击力大的依然还是电影，因此在进行个人品牌传播时企业老板也要注意视觉对人的影响。

事实上，已经有很多企业老板打造了独有的视觉锤。提起乔布斯，人们脑海中总是会浮现出他身穿圆领衫、牛仔裤的形象。乔布斯十分喜欢这样的穿搭，不仅因为方便，更因为这种固定的穿衣风格就像一种签名，能够加深消费者对于他的印象。由于他总是以这样的着装出席苹果发布会和其他各种活动，这一套着装也成了他的标志，成了一种独特的视觉锤。

同样，Facebook（脸书）的创始人扎克伯格也有自己独特的视觉锤。扎克伯格偏爱灰色T恤、连帽衫和牛仔裤的穿搭，即便不穿连帽衫时，他往往也会穿着一件灰色T恤。此前扎克伯格也公开过自己的衣柜，衣柜中只有灰色T恤、牛仔裤和连帽衫。久而久之，这一形象成为扎克伯格的经典形象，成为他深入人心的视觉锤。

乔布斯和扎克伯格的形象都是符合他们个人品牌定位的视觉锤。企业老板也可以根据自己的气质、个人品牌定位，设计与之相符的视觉锤。例如，如果企业老板想打造自己"商业精英"的形象，那么就可以以身着西装的形象示人，为突出自身特色，企业老板也可以在西装的颜色上和他人作出区分。

不论企业老板选择什么样的装扮打造自己的视觉锤，都要长期坚持这一选择。只有长久地以某一种形象出现在消费者眼前时，才能够一遍一遍地加深消费者对于企业老板形象的印象，这一形象才能成功地成为企业老板的视觉锤。

3.4.3 讲故事：创业、励志是关键

个人品牌的传播需要一个打动人心的故事，不是流水账一样的故事，而是有情感、励志、记忆点的故事。动人的故事能够引导人们主动传播，而带有个人品牌营销色彩的人物故事，可以在社交媒体中层层传递，最终触达目标人群。

企业老板身上最值得讲的故事莫过于其创业经历了，如果企业老板能够把自己的创业故事讲成一个动人的故事，就能够极大地促进个人品牌的传播。此前，罗永浩凭借"一个理想主义者的创业故事"的演讲，讲述了自己的创业故事，将自己的创业经历展示得淋漓尽致，引发了众多人的共鸣。

罗永浩是如何讲故事的，又是如何以故事打动人心的呢？

（1）奋斗的起点不高

为什么奋斗的起点不高可以吸引听众？因为对创业经历感兴趣的听众不是已经功成名就的企业老板，而是怀揣创业梦想的普通人。对于这些怀揣创业梦想的普通人来说，罗永浩不高的奋斗起点显得十分有价值，也十分有吸引力，与听众的实际情况更加符合。这样的开场能够为听众创造一个想象的空间：他是怎样在这种境遇下创业成功的？他在这种境遇下可以创业成功，如果我继续努力的话是不是也可以创业成功？

（2）普通之中又有不平凡

很多人都在理想和现实的矛盾中挣扎，他们总是会想，我要不要辞职去创业呢？我真的可以创业成功吗？这种理想和现实的矛盾是罗永浩和听众都曾经历过的，因此能够很容易地引起听众的共鸣。在罗永浩的讲述中，他的创业经历可以分为以下几个部分。

①少年时代桀骜不驯，"不走寻常路"。

②青年时代潦倒叛逆，和社会格格不入。

③经过深思熟虑，决定做出改变，开始学习英语。

④积累了足够的经验后，离开新东方，向着更加远大的目标前进。

⑤走上充满坎坷的创业之路。

⑥ 克服困难，取得了比较不错的成绩，产品被越来越多的人接受。

在罗永浩的创业经历中，普通与不平凡是兼备的。正因为这样，他的创业经历才有讲的价值。

罗永浩讲述的创业故事充满坎坷，又充满希望，能够拨动听众的心弦，同时他也讲述了自己青少年时期的叛逆、创业时的迷茫，这些都能引起听众的共鸣，加深听众对于罗永浩的印象。

在借故事传播自己，传播个人品牌时，励志的创业故事是很好的题材。如今，有越来越多的企业老板愿意分享自己的创业故事，这不仅可以加深目标人群对企业老板的了解，拉近两者之间的距离，还有利于企业老板塑造接地气、不怕苦的形象，使个人品牌得到进一步优化。

3.4.4 趣味性：会造"梗"，懂娱乐

具有趣味性的个人品牌更受消费者欢迎，更容易被消费者记住。很多企业老板在讲话时，即使讲的是复杂的专业知识，话语中也透露着幽默，并且经常夹带一些段子和小故事，能够让人们在潜移默化中接受他们的观点。

这是十分适合个人品牌的一种表现形式。趣味性不是单纯的油嘴滑舌，而是一种智慧。趣味性的谈吐不仅要让人在当时捧腹大笑，更要让人在听过之后理解其中深刻的含义。因此，个人品牌的趣味性要有的放矢，要符合消费者的胃口，要让消费者在笑过之后记住这一个人品牌。

提起雷军，就会想起他的"雷氏英语"，曾经在印度的一场发布会上，雷军在询问大家对自己的产品是否满意时，一遍遍地向大家询问"Are you OK"？其不标准的发音迅速成为热点，在网络上引起了广泛关注。随后，一位B站用户将雷军的讲话剪辑为一首神曲《Are you OK》，目前，这首神曲在B站的播放量有近4000万，弹幕超过18万条。

对此，雷军并没有生气，而是进行了调侃。随后，雷军将这首歌加入了小米音箱中，只要用户对着小米音箱喊雷军，小米音箱就会马上播放《Are you OK》这首歌。2020年8月11日，雷军在小米十周年演讲中称："小米在国际化路上，有坎坷，也有欢乐。2015年在海外发布会上一次临时安排的招呼，我成了B站灵魂歌手。我还没回国，'Are you OK'已经上了热搜，我从此需要到处解释，武汉大学是正规大学，是我自己英语没学好，不是武大没教好。"

雷军的种种行为都表现了其造"梗"的能力。现在，"Are you OK"已经成了一个广为人知的"梗"，我们也从中感受到了雷军的幽默。

直至今日，雷军和他的"Are you OK"还是众多用户谈论的对象，不仅如此，在2018年10月小米的新品发布会上，"雷氏英语"又重现江湖，"logo"变成"裸狗"，又一次引爆了现场的气氛，用户在开心之余又感觉到了雷军的可爱。新闻发布会后，用户的调侃性评论十分多，更有很多消费者因为这个"小裸狗"而去购买小米的产品。

"雷氏英语"是雷军的一个重要标签，也体现了他的幽默和娱乐精神。同时，企业老板在传播自己的个人品牌时，也要具有这种娱乐精神，具有这种造"梗"的能力。任何人都有自己的不足，在面对不足时，企业老板无需回避，适当自黑，将其打造成自己的"梗"也是不错的选择。

第4章

内容设计：
如何持续输出匹配你身份的内容

个人品牌需要持续地输出内容才能够建立起来，因此企业老板需要做好内容设计。企业老板需要深入了解所在的行业，掌握必要的行业知识，以便输出高质量的内容。同时，企业老板输出的内容应具有自己独到的观点，体现自己的专业性。此外，企业老板还可以通过趋势分析传递自己的预见性。

 ## 4.1 4步分析，快速"吃透"一个行业

在输出内容之前，企业老板首先需要了解自己所在的行业，对行业整体情况有一个清晰的认知，包括了解行业的盈利模式、上下游关系、产能和法律监管等。

4.1.1 这个行业的盈利模式是什么

不同的行业有不同的盈利模式，主要包括以下几种。

（1）卖产品

卖产品是最简单的赚钱方式，即通过控制成本，提高销量来获得盈利。典型的以卖产品获得盈利的行业就是零售业。

（2）卖品牌

品牌决定产品的价格，同样的产品贴上不同的品牌也会具有不同的价格。为什么知名品牌的产品都很贵？原因就在于品牌溢价。当品牌具有一定影响力之后，即使价格较同类产品高，也会吸引消费者购买。知名品牌的利润率远高于普通品牌，由品牌带来的收益是源源不断的。典型的以卖品牌为盈利模式的就是奢侈品行业。

（3）卖模式

卖模式是一种常见的盈利模式，这一模式存在于很多行业。如线下商店、健身房的连锁加盟模式都是典型的卖模式的盈利模式。这种盈利模式不仅可以赚取加盟费，还可以赚取原料供应费。

（4）卖平台

卖平台这种盈利模式广泛存在于互联网行业中，腾讯、阿里巴巴、百度等互联网企业都是通过平台获得盈利。除了互联网行业外，餐饮行业、教育行业、培训行业等都存在这种盈利模式。

企业老板可以根据以上盈利模式类型分析自己所在的行业属于哪一种盈利模式，明确行业中的企业是通过何种方式盈利的。

4.1.2 这个行业的上中下游是谁

在对一个行业进行了解和梳理时，企业老板需要把握行业的上中下游，建立行业图谱。行业图谱就像一份地图，能够帮助企业老板形成行业架构，准确梳理行业信息。以集成电路产业链为例，其行业图谱如下所示。

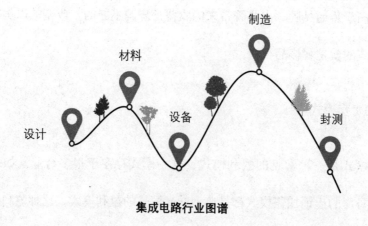

集成电路行业图谱

如图所示，在集成电路行业中，设计是整个行业的上游，而封测是整个行业的下游。在一个产业链中，上游产业处于整个产业链的开端，主要提供设计、材料、设备等，下游产业对原材料等进行加工处理，将原材料转化为实际产品。中游产业是相对于上游产业和下游产业而言的。

那么，企业老板如何才能把握一个行业的上中下游呢？企业老板可以多查阅一些行业研究报告，从行业整体发展、经营环境、竞争态势等角度去研究。

① 行业整体发展：行业主要提供哪些产品或服务、增速如何、市场规模如何、近期发展动向怎样等。

② 经营环境：国家政策、法律法规、消费者的态度和习惯等。

③ 竞争态势：行业中有哪些龙头企业，竞争情况如何。

④ 未来趋势：行业内的政策导向、各大企业的经营策略有没有变化。

通过这些信息，企业老板能了解某一行业近年来的发展态势、了解行业内的龙头企业及其主要产品，对行业的产业链有一个清晰完整的把握。

4.1.3 这个行业的法律监管如何

在深入了解一个行业时，企业老板必须要了解这个行业的法律监管情况。具体而言，企业老板需要了解该行业的主管部门及管理体制、法律法规和产业政策。

以消费品行业为例，其行业主管部门及管理体制为：政府部门对消费品行业的发展进行政策指导和监督管理，行业协会对消费品行业进行自律管理。

消费品行业的法律法规包括以下几项。

（1）《中华人民共和国消费者权益保护法》（2013年修订）（中华人民共和国主席令第七号）。

（2）《网络交易监督管理办法》（2021年3月15日国家市场监督管理总局令第37号公布）。

（3）《中华人民共和国环境保护法》（2014修订）（中华人民共和国主席令第九号）。

（4）《消毒管理办法》（2018修订）（中华人民共和国国家卫生和计划生育委员会令第18号）。

（5）《中华人民共和国产品质量法》（2018修正）（中华人民共和国主席令第二十二号）。

（6）《中华人民共和国电子商务法》（中华人民共和国主席令第七号）。

（7）《中华人民共和国反不正当竞争法》（2019修正）（中华人民共和国主席令第二十九号）。

（8）《中华人民共和国商标法》（2019修正）（中华人民共和国主席令第二十九号）。

消费品行业的产业政策包括以下几项。

（1）《中国制造2025》（国发〔2015〕28号）。

（2）《中华人民共和国国民经济和社会发展第十四个五年规划纲要》。

（3）《关于开展消费品工业"三品"专项行动营造良好市场环境的若干意见》（国办发〔2016〕40号）。

（4）《消费品标准和质量提升规划（2016—2020年）》（国办发〔2016〕68号）。

根据以上法律法规和产业政策，企业老板可以了解消费品行业的法律监管情况。同时，在了解一个行业的法律监管情况时，企业老板都要对其主管部门、管理体系、法律法规和产业政策进行分析。此外，企业老板还需要时时关注法律法规和产业政策的变化，以此判断行业趋势。

 ## 4.2 提炼独到的观点

在输出内容时，企业老板要提炼出自己独到的观点。在事实面前，不同立场、不同思维的人有不同的观点，而企业老板就需要将这种观点表示出来，以展示自己输出内容的独特性。企业老板要以事实和数据为依据，明确自己的观点，以此获得大家的认可。

4.2.1 八分事实和数据＋两分个人观点

在提出一个观点的时候，企业老板必须要保证这一观点有据可依，这样才能使观点获得大家的认可。在这方面企业老板需要掌握的一个技巧是：八分讲事实和数据，两分讲自己的观点，同时，事实和数据需放在观点之前。

例如，针对某一行业的发展现状，某企业老板对行业发展前景提出了自己的观点。如果他没有讲明当前行业现状事实和数据支撑，只是单纯地讲自己的观点，那么这一观点就会被认为是他自己的臆断，难以让他人信服。如果该企业老板在陈述观点前以事实为基础、以数据为依托，将行业发展现状及趋势讲清楚，在此基础上提出自己的观点，那么这一观点就更容易被人接受。

观点是企业老板的主观判断，而事实和数据是客观存在的。只有将事实和数据讲清楚，在此基础上提炼自己的观点，才能使观点为众人信服。

4.2.2 观点犀利而深刻

企业老板提炼出的观点必须是明确、犀利而深刻的。如果观点不犀利，甚至模棱两可，就无法准确地向他人传递自己的想法，也无法获得认同。

马云就经常提出明确而犀利的观点，并且十分擅长表达自己的观点，说明自己的立场。

例如，在2018年南非主题会议的发言中，马云说："很多人抱怨没有贷款，没有物流，也没有信用卡系统。机会永远藏在人们抱怨的地方。人们抱怨的声音大，你就去解决问题，抱怨越多，机会越大。这也是我看非洲的角度，问题很多，所以机会也很多。"马云把自己的观点明确地表达了出来，这不仅有利于解决问题，还能够为媒体报道提供素材，进一步提升曝光度。

一些企业老板认为，提出太犀利的观点不合适，不是所有事情都是非黑即白的。但从传播的角度来看，犀利的观点更引人注目，更能让人印象深刻并获得媒体的关注。也有一些企业老板担心遭到一些人的反对而不愿意提出犀利的观点，但事实是，如果提出的观点不明确，企业老板也难以获得更多坚定的支持。因此，在提炼观点时，企业老板要拒绝模棱两可，提出符合自己立场的、犀利而深刻的观点。

4.2.3 挖掘热点，深入表现

如今，在内容创作领域，已经形成了"谁抓住了热点，谁就可以抓住金钱"的现象，与热点相关的内容总是可以吸引更多的目光。对于企业老板也是如此，如果企业老板根据当下热点进行内容输出，针对热点事件发表观点，能够吸引更多的关注。

应如何跟踪热点呢？最关键的就是多关注一些能发现热点的平台，例如百度、微博、今日头条等。除此之外，企业老板还必须做好热点的选择。要想让自己的观点、言论吸引更多人的目光，就必须选择有价值、有传播性，可以快速造成影响的热点。选择好热点以后，企业老板还需要对其进行深入挖掘，并在此基础上提炼自己的观点。通常情况下，热点与输出内容结合的方法共包括以下几种。

（1）对比

热点虽然有比较强的时效性，但是不同阶段的热点很可能具备一定的相似度。在这种情况下，企业老板可以将最近的新热点与旧热点进行对比，在此基础上发表自己的见解。另外，将新热点和旧热点进行对比还可以让企业老板输出的内容更有深度。企业老板可以通过对比的形式，探讨某类事件频频出现的根本原因，从而向人们传达更加有价值的观点和见解，并获得人们的认同。

（2）叠加

有时候，一个热点可能无法带来太高的关注度，为了进一步扩大内容的传播范围，企业老板可以采用叠加的方法。即选择两个有关联的热点，从连接点入手发表自己的看法和意见。将热点进行叠加，一方面可以获得更多人的关注，另一方面也可以让企业老板输出的内容更有吸引力。

（3）延展

一个热点的爆发，背后所体现的不仅是热点本身，还有更加深刻的内涵。企业老板对一个热点进行延展性思考的过程，其实就是一个深度挖掘的过程。在这个过程中，企业老板必须准确找到更有特色的切入点，以便展现自己在某方面的专业性和自己观点的与众不同。

4.3 以"计算"的形式传递预见性

和单纯的干货类内容输出相比，具有预见性的内容输出更具深度，更容易引发关注。企业老板可根据行业趋势、消费者趋势、制度趋势等，分析某件事的发展趋势，展现自己的预见性。

4.3.1 分析现状、总结趋势

行业的发展是有趋势可循的，行业内的销售模式、发展方向等也符合行业发展趋势。要想传递自己在某一方面的预见性，企业老板就需要分析当前行业发展现状，总结行业发展的趋势。

例如，当前直播带货异常火爆，各大互联网公司纷纷入局直播带货行业，推出了直播平台。淘宝直播、抖音、快手等主流电商直播平台获得了飞速发展。京东、拼多多、知乎等也纷纷布局直播带货行业，开展直播带货业务。

除了各平台之外，越来越多的主播也加入了直播带货的队伍中。《2021年中国内容机构（MCN）行业发展研究白皮书》显示，中国的MCN（多渠道网络服务）机构的数量已超过2万家。MCN机构的不断扩张推动了电商行业产业化的发展，吸引了越来越多的新主播加入直播带货的队伍。

直播带货的发展对电商、零售等行业都有着深远的影响，并逐渐深入到越来越多的行业中。在对直播带货行业进行分析时，企业老板可以分析直播带货发展的大趋势，同时以自身对特定行业发展的影响为立足点发表自己的预见性见解。

无论企业老板发表怎样的预见性见解，这一见解都是立足于行业现状并符合行业发展趋势的。了解了行业发展趋势，企业老板就可以就某件事、某项业务的发展发表自己的看法。

4.3.2 深入分析政策的指向性

不同的制度或政策有不同的指向性，这也是企业老板需要分析的。

例如，2019年1月18日，财政部和税务总局发布了《关于实施小微企业普惠性税收减免政策的通知》（以下简称《通知》），该《通知》对新创立的小微企业给予了力度很大的税收减免政策。其中，主要的税收优惠、条件及计算方法如下。

① 免征增值税：月销售额10万元以下（含本数）的增值税小规模纳税人。

② 放宽小型微利企业的条件：不再区分工业企业和其他企业，统一按照"从事国家非限制和禁止行业，且同时符合年度应纳税所得额不超过300万元、从业人数不超过300人、资产总额不超过5000万元三个条件"，如下表所示。

小型微利企业的认定条件

小型微利企业	原优惠政策	普惠性所得税减免政策
行业	国家非限制和禁止行业	国家非限制和禁止行业
从业人数	工业企业：不超过100人	不超过300人
	其他企业：不超过80人	
资产总额	工业企业：不超过3000万元	不超过5000万元
	其他企业：不超过1000万元	
年应纳税所得额	不超过100万元	不超过300万元

③ 企业所得税税收优惠计算：2019年1月1日至2021年12月31日，对小型微利企业年应纳税所得额不超过100万元的部分，减按25%计入应纳税所得额，按20%的税率缴纳企业所得税；对年应纳税所得额超过100万元但不超过300万元的部分，减按50%计入应纳税所得额，按20%的税率缴纳企业所

得税。

该《通知》通过税收减免的方式对小微企业的发展给予了支持，无疑是小微企业的一项利好政策。

再如，在金融借贷方面，2020年7月，中国银保监会正式下发并实施《商业银行互联网贷款管理暂行办法》，推动互联网贷款业务合规发展；2020年8月，最高法院发布《最高人民法院关于审理民间借贷案件适用法律若干问题的规定》，降低民间借贷利率的司法保护上限。2020年11月，中国银保监会、中国人民银行共同起草了《网络小额贷款业务管理暂行办法（征求意见稿）》，对网络小额贷款企业的注册资本、贷款金额、业务范围等进行了明确。

以上政策都体现了对金融借贷行业的监管，是企业必须遵守的底线。

制定政策的目的都是规范行业的运行，有的政策体现了对企业发展的支持，有的政策体现了对企业发展的监管。企业老板需要分析不同政策的指向性，以此分析行业发展趋势、发展速度等。

第5章

声量七维设计：
全方位打造立体的老板人设

建立个人品牌之后，如何才能更好地发挥个人品牌的作用？企业老板需要从多个方面提高自己的声量，全方位打造自身人设（即人物设定）。具体而言，企业老板可以通过创建行业联盟、参加行业评选、参加媒体专访、写文章、做演讲、讲课程、开直播等全面提高自身声量。

 ## 5.1 行业联盟发起人

企业老板可以作为一名发起人创建一个行业联盟。通过创建行业联盟，企业老板可以获得更多的人才、客户、原材料等资源，也能够与大家一起交流想法，提出问题的解决方案。在与大家交流的过程中，企业老板的个人品牌和个人魅力能够不断被传播，形成更大的声量。

5.1.1 联盟因聚"利"而生

在创建行业联盟时，企业老板需要注意一点，即联盟因聚"利"而生，联盟为成员提供资源、业务方面的利益，才能够吸引成员加入。

首先，在创立行业联盟时，企业老板要思考联盟在建立过程中需要考虑哪些因素。一般来讲有六点：创建联盟的目的；创建联盟的目标，包括大目标和具体目标；联盟的方式；联盟的活动内容；创建联盟的相关联合单位；联盟的相关负责人员。

在明确以上内容之后，企业老板还需要为联盟制定完善的规章制度，明确联盟成员的责任和义务。

第一，企业老板需要明确联盟的活动内容，如共同对企业员工进行培训，各企业通过合作完成某项目等。

第二，企业老板需要明确联盟的准入门槛，规定企业的规模、资金实力等，并对申请进入的企业进行实地考察。

第三，企业加入联盟的目的都是为了获得更好的发展，联盟中的企业可以共享其他企业提供的材料资源、人力资源等，同时也要向联盟提供自己的技术、人力、资金等。企业老板需要明确各企业享有的权利和应尽的义务，使各企业间的合作能够在一种公平公正的秩序中进行。

第四，当联盟中的某企业因一己之私做出了损害联盟内其他企业利益的事情时，企业老板就需要对其进行适当处罚，甚至将其剔除联盟。为此，企业老板需要明确联盟内各成员的行为，以及违反规定行为的处罚方式。

总之，企业老板需要明确联盟的各项规章制度，为联盟内成员创造良好的合作环境，实现各企业间的互利互惠。

5.1.2 集合"圈"内资源

企业老板创建联盟可以集合行业内的资源，实现资源的交换和充分利用。有的人掌握先进的技术，有的人有丰富的经验，有的人可以提供劳务，有的人可以提供丰富的原材料，有的人擅长洞察时事热点，能够做出较为精准的行业预测。企业老板将这些人集合在一起，能够实现资源的整合和利用，有利于企业更好地发展。同时，在企业老板与他人沟通交流的过程中，也会建立起自己的声誉，有利于自己声量的传播。

具体来说，创建联盟对于企业老板的优势主要体现在以下三个方面。

（1）人才互补

创建联盟可以实现人才互补。企业的发展离不开人才的推动，而联盟能够为企业提供各种人才，也能够实现不同企业之间的人才互补。

（2）寻找商机

企业老板能通过与联盟成员的交流与思想的碰撞产生新的想法和创意，也可以与他人合作共同开展新的项目或业务。

（3）资源整合

企业老板可以将联盟内各种资源进行整合，综合利用各种资源。联盟为企业老板提供的人才、创意、资源方面的优势，对于企业老板本人及企业的成长都是很有利的。企业老板在联盟中实现成长的同时也为企业的发展奠定了一个良好的基础。

张丽创办了一家电商企业，根据市场的需求，企业做出了不同于市场上其他产品的美肤产品。很多企业老板慕名来向她学习，她利用这个机会创建了美肤电商联盟，并吸引了百余名企业老板加入。

这些企业老板在加入联盟之后主动分享自己的经验并互相学习，联盟还为这些企业老板争取了大量学习的机会。张丽也会定期举办各种联盟内部的聚会，向各位企业老板讲述自己的创业经历及经验等，这些有价值的分享获得了大家的一致认可，张丽也建立起了更高的声望。在经营联盟的过程中，张丽不仅建立和发展起了自己的个人品牌，还带动了自己的电商企业的发展。

对于企业老板来说，创建联盟的优势十分明显，其中最重要的就是能够实现人才、技术、创意等资源的共享。有了这些资源的支持，企业老板才能更好地经营企业，推动企业的发展。企业发展壮大了，企业老板的声量和个人品牌才会有发展的基础。

5.1.3 让企业被更多人看见

要想扩大自己在行业内的影响力，企业老板就要让自己、让企业被更多的人看到。在这方面，企业老板可以借助行业聚会的力量。行业聚会就是同行业的人因某个人的组织或某一共同目的聚集在一起进行交流和学习。企业老板需要时刻关注行业信息，多参加各种形式的行业聚会。同时，为了让更多的人了解自己、了解自己的企业，企业老板也可以在适当的时候组织行业聚会。

企业老板在组织行业聚会时，要清楚组织行业聚会的目的，以及组织行业聚会能为本人及企业带来哪些帮助。组织行业聚会的优势主要体现在以下几个方面。

① 扩大企业老板及企业在行业内的影响力。

② 扩大企业老板的行业人脉圈。

③ 交流业内信息和动态。

④ 为同行提供一个交流平台。

王栋是某企业的老板，在经营企业的过程中，他一直走低调路线，尽管王栋本人和他的团队都很优秀，但很少被其他同行关注。有一次在竞争项目时，竞争对手的实力明明没有王栋的实力强，最终却获得了项目。

事后，王栋经调查发现，获得该项目的这位企业老板在行业内比较活跃，除了积极参加别人组织的行业聚会外，还会自己组织聚会。在各行业聚会中，这位企业老板都积极宣传自己和自己的企业，获得了不少同行及合作方的认可，在行业中有一定的影响力。

项目甲方在选择合作伙伴时，调查了两家企业在行业内的影响力，最终选择了行业内比较活跃且影响力较大的企业。

许多企业老板都有和王栋一样的遭遇，为避免以上风险，企业老板有必要通过行业聚会提高自己的知名度，扩大自己在行业内的影响力。

行业聚会不像平时组织的聚会那样随意，从人员的邀请到场地的选择都需要企业老板考虑周到。一般来说，企业老板在组织行业聚会时需要从以下几个方面去实施。

① 评估企业所能承担的聚会费用，除了承办企业承担全部费用，还可以采用AA制或赞助制。

② 规划好聚会的主题，企业老板可以选择以行业经验分享、合作交流等为主题。

③ 设定聚会地点，同城聚会多选取地理位置优越的商业中心。因为大家来自四面八方，市中心位置能够照顾到每个参会人员的行程。同时，选择多条地铁线交会处也可以减少参会人员的行程时间。

④ 规划活动的大致流程，即规划何时以何种方式开场，具体活动该如何实施以及实施活动的顺序。

⑤ 邀请同行业人员，企业老板不仅要确定人员名单，还要对名单进行甄选。

以上就是企业老板在组织行业聚会前需要思考的内容，具体还需要落实到计划书中，如下表所示。

行业聚会计划书

一、活动目的：提高企业老板的行业知名度，扩大行业人脉，互相交流学习

二、活动时间：2021年X月X日13:00-18:00

三、活动地点：北京市XX咖啡厅

四、参会人员

五、具体活动流程
    （一）组织行业聚会的企业老板讲话
        （1）企业老板介绍自己以及企业发展的基本情况
        （2）企业老板介绍企业的产品
        （3）企业老板阐述企业发展愿景
    （二）参会人员自由交流（设计具体时间）
    （三）抽取现场大奖
    （四）行业人员疑难案例上台分享（也可以设置其他活动）
    （五）行业内人员自由交流

续表

六、工作人员具体安排 　　（一）前期准备工作 　　　　（1）物料准备 　　　　（2）宣传推广 　　（二）聚会期间工作 　　　　（1）通道引导 　　　　（2）会场组织 　　　　（3）拍照录像 　　　　（4）奖品发放 　　　　（5）会议主持 　　（三）聚会结束后工作安排 　　　　（1）物料整理（详细列表） 　　　　（2）会场卫生清理

 ## 5.2 行业奖项评选

不同的行业设有不同的行业奖项，参加行业评选、获得行业殊荣能够大大提高企业老板的声量。获得行业奖项不仅能够提升企业老板话语的权威性，也能够增加其影响力，使其成为市场的风向标。

5.2.1 为自身权威性增加"含金量"

对于企业老板而言，获得行业奖项能够增强个人品牌的权威性，提高个人品牌的"含金量"。

2020年，比亚迪获得了"中国心"年度十佳发动机奖、"中国心"年度十佳新能源汽车动力系统奖等。这些奖项的获得意味着比亚迪在前进之路上迈出了坚实的一步。比亚迪作为我国新能源汽车的领军企业，在技术研发和运用上取得了重大成功，无愧于其"新能源行业领跑者"的称号。

比亚迪的创始人为王传福，除了比亚迪本身获得了诸多行业殊荣外，王传福本人也名声赫赫。2019年10月，王传福入选2019福布斯年度商业人物之跨国经营商业领袖名单，并荣获70年70企70人"中国杰出贡献企业家"称号。2020年4月，其入选《财富》中文版"2020年中国最具影响力的50位商界领袖"榜单以及《财富》杂志发布的年度全球最伟大的25名抗疫领袖榜单。

不论是企业获得的行业奖项，还是社会对于王传福本人的认可，都大大提升了王传福个人品牌的影响力，提升了其话语的声量。企业老板也要积极在行业中推广企业和产品、参加各种社会活动，使企业和个人受到更多权威机构的认可。

5.2.2 成为市场风向标

当企业老板的能力、贡献等被行业认可之后，其言论也会更具分量，甚至会成为市场的风向标。

例如，在制造行业深耕多年，董明珠一直都十分强调企业创新。她认为，制造业不仅要在技术上创新，也要在销售模式上创新。在直播带货火热的当下，董明珠亲自试水直播，首播即引来400余万人围观。在此之后，越来越多的企业老板纷纷开启直播，进行直播带货。

再如，李彦宏多年来一直将目光放在人工智能领域，致力于人工智能平台的建设和人工智能应用的普及。而他的这一选择无疑也会成为市场风向标，引导更多的企业关注人工智能领域并进行新应用的研发。

总之，当企业老板获得一定的行业背书之后，其在行业内的话语权和权威性也会大大提升，其言行会深刻影响其他人。而这种影响力的扩大也意味着企业老板声量的提升。

 ## 5.3 媒体专访

对于企业老板而言，接受媒体专访是常见的宣传个人品牌的渠道。通过采访，企业老板可就某一问题发表自己的看法，或就某一问题提出具体的解决措施。这些采访内容的发布、传播将会促进企业老板个人品牌的传播，提高个人品牌的影响力。

5.3.1 采访前：采访就像路演，功课要做在事前

许多企业老板具有突出的能力、优秀的团队和优秀的产品，但却鲜为人

知。面对这种情况，企业老板可以选择参加行业峰会或展会，通过接受现场采访提高个人品牌的权威性和知名度。

接受采访是一件严肃的事情，企业老板必须做好如下准备。

（1）选择适合的展会

第一，企业老板需要在参加展会之前对预算、时间、目标市场以及参展人员做一个规划。例如，参展的人均预算是3万元，每次派2～3人参加，那么参加一次展会的费用就是10万元左右。企业老板要综合考虑成本问题，不能一味砸钱宣传。

第二，不同的展会宣传效果是不同的，企业老板要有取舍地参加，力求用最少的投入换取最大的回报。最好的方法是跟着行业的龙头企业参加展会，这些展会的质量会比较有保障。

（2）提前准备样品以及产品展示的PPT

一些展会会安排企业老板对产品和品牌进行演讲，这是一个宣传自身个人品牌和产品的好机会。企业老板的专业度和表现会成为众人评判企业品牌权威度的标准。毕竟大家都愿意相信一个专业的人更容易做出专业的产品。为此，企业老板要准备好需要展示的样品和介绍产品的PPT。

（3）展台布置

为了达到更好的宣传效果，展会展台的布置只有一个原则，那就是突出。无论是标准展位还是模型展示，都必须增加照明，图片和文字要突出，以便大家阅读。

（4）分析可能会遇到的问题并思考答案

不论是参加行业峰会还是展会，都会有一个主题，企业老板接受采访的问题一定与这一主题相关，同时，自己的产品、竞争对手的产品、行业趋势等，都是采访中的重要话题。对于这些内容，企业老板要提前做好分析，罗列出可能会被问到的问题，准备好如何回答。

有了以上准备，企业老板在接受采访的时候才能够做到从容不迫、有的放矢。此外，企业老板还要提前调整心态，不要太过紧张，以免影响采访时的发挥。

5.3.2 采访中：聊得"爽"不是目的，有料才是

在采访过程中，很多企业老板能够和对方侃侃而谈，采访的氛围也十分好，但采访却难以引起大量关注。原因就在于企业老板在采访的过程中没有展现出足够的专业度，没有令人印象深刻的观点、引起众人共鸣的价值观

等。企业老板需要意识到，在接受采访时，聊得"爽"不是目的，有料才是，企业老板必须能提供有价值的内容。

如何提供有料的采访内容，在采访的过程中，企业老板要做好以下几个方面。

（1）充分凸显主题

在采访过程中，企业老板要对问题进行分析，明确针对这一问题的发言要表现什么样的主题，即什么样的观点、什么样的价值观等。之后的发言就要一直围绕这一主题，将自己的观点和价值观表述清楚。

（2）描述行业情况

针对问题，如果企业老板只是主观地表明自己的感受或者见解，则很难获得他人的认可。企业老板可以从行业情况出发，给出各种行业数据，再根据这些数据发表自己的观点。这样的内容更容易获得他人的认可，也能够让他人了解到企业老板知识面的广度和深度。

（3）针对问题提出解决措施

在采访中，对方难免会提出一些当前没有解决的问题，对于这些问题，企业老板要给出具体的解决措施。在回答此类问题时，企业老板可以先对这一问题进行解释，说明这一问题表明了什么或者是什么导致了这一问题，再根据自己对行业的了解、专业知识等，提出有效的解决措施。这样有料的回答才是他人想要听到的。

总之，企业老板要在对问题进行深入分析的基础上给出高质量的回答，回答不仅要清晰、流畅，还要有内涵。

5.3.3 采访后：放下得失，平常心看待报道

采访结束后，当采访的内容在社交媒体上公布后，往往会引发大众的讨论，有的人认可企业老板的观点，也有人会发表一些不好的言论。对于这种情况，企业老板需要以平常心来对待，理解不同立场的人的不同想法。

无论企业老板在采访中表达怎样的观点，都无法获得所有人的认同，也往往会被一些人所批评，企业老板需要正视这些不好的评价，尊重他人不一样的想法。如果企业老板无法接受自己的观点被反驳，而在采访后和网友在社交媒体上据理力争的话，那么这场交流极有可能会演变成一场战争。将不好的事情扩大化会影响企业老板个人形象的打造和个人品牌的传播，而采访也会失去其原本的作用。

因此，在采访后，企业老板应以平常心看待报道，允许不同的声音出现，以确保采访有利于个人形象的打造和个人品牌的传播。

5.3.4 马云：从容不迫，机智应对

对于企业老板来说，接受采访是十分常见的一件事，这也是提升曝光度的重要手段。通常而言，在接受采访和群访以后，网上就会出现一大批采访稿和群访稿。为了打造个人品牌，提高个人品牌的影响力，企业老板必须谨言慎行，多输出一些积极正向的内容。

2017年，在达沃斯论坛中，马云接受了《纽约时报》作家安德鲁·罗斯·索尔金的采访。此次采访充分体现出了马云的好口才、高情商，也让人们对马云增添了一份敬仰之情。

采访中，索尔金向马云问道："关于阿里巴巴、关于你们自身的商业模式，我想大部分西方人可能不太理解。我能否尝试让你们与亚马逊做一下比较？这样比较可能你们会觉得不太公平。不过令我感觉很有意思的一点是，亚马逊所追求的，我感觉比较像是重资产的商业模式，他们购买飞机、想拥有整个供应链；而阿里巴巴就零售部分来看，你们并不想自营仓库、不想自营物流。对此你怎么看？杰弗里·贝索斯（亚马逊创始人及首席执行官）正确，还是你正确，还是你们会在中间地带会合？"

面对这样比较刁钻的问题，很多企业家可能会不知所措，而马云表现得非常淡定，用与众不同的方式告诉索尔金，为什么阿里巴巴可以发展得如此迅速，并获得广大用户的喜爱。

首先马云回答说："我希望双方都是正确的，因为世界不是只有一种商业模式，如果世界只有一种正确的商业模式，这个世界将非常乏味。我们需要各种各样的模式，为某种模式而努力的人们必须相信这种模式，我相信我所做的。"这段话的意思是，条条大路通罗马，并不是所有电商都要效仿亚马逊的模式。

紧接着马云进行反击，说道："至于和亚马逊的不同，亚马逊更像是一个帝国，自己控制所有环节，从买到卖；我们的哲学则是希望打造生态系统，我们的哲学是赋能其他人，协助他们去销售、去服务，确保他们能够比我们更有力量，确保我们的伙伴、10万个品牌和中小企业们能够因为我们的科技和创新，而拥有与微软、IBM竞争的力量。"这段话想要表达的是，亚马逊是一个封闭式的帝国，核心是成就自己，而阿里巴巴不同，希望可以帮助中国打造出千千万万个类似微软、IBM这样的企业。

最后马云又说："我们相信通过互联网技术，我们能够让每一家企业都成为亚马逊。去年我们的GMV（商品交易额）超过5500亿美元，如果要雇佣员工来负责这些商品的运送，我们需要500万人。我们不可能请500万人来运送我们平台上销售的商品，我们唯一能采取的方式就是赋能服务企业、物流企业，确保他们能够高效运作、能够盈利、能够雇佣更多人。"用真实的数据来展示阿里巴巴的成绩，同时也阐明了互联网技术在中国的良好现状，可谓是既宣传了阿里巴巴，又赞美了中国，一举两得。

在此次采访中，马云的回答十分完美，采访过后，网上出现的采访稿更是全部都在为马云的口才和情商点赞。

企业老板的一言一行都会对其个人品牌产生深刻影响。因此，在接受采访的时候，企业老板必须注重自己的形象，争取做到从容不迫、机智应对。

5.4 写文章

许多企业老板都喜欢针对时事发表文章，或将自己的创业经历写成书。这些都是传播企业老板个人品牌的好办法，都能带给人方法论的指导和思想的启迪，还会在潜移默化中加深他人对于企业老板个人的认知，有利于企业老板影响力的提升。

5.4.1 输出价值，积累影响力

企业老板可以通过写文章的方式持续输出价值。马云、李彦宏、周鸿祎等知名企业家都在网上发布过高质量的文章。

如何完成一篇高质量的文章？企业老板需要注意以下要点。

（1）设计标题

对于一篇文章而言，好的标题是至关重要的。标题直接决定了读者会不会阅读文章。好的标题是重点突出，极富吸引力的。例如360企业创始人周鸿祎曾发表过一篇文章，标题为《泛安全才是安全行业的未来》，这篇文章的标题就突出了其内容的重点是泛安全。此外，在标题中加上卖点也是吸引读者的重要法宝。

（2）设计引导语

设计引导语的原因是要吸引读者的注意力。引导语有两种形式，一是"时间＋背景＋应对措施"；二是将某热点当做引导语，引导读者继续阅读文章。

（3）正文条理清晰

文章的正文内容必须条理清晰。例如，文章内容包括近期大事件、行业现状、行业未来以及具体的应对措施等，企业老板需要分别将这些内容描述清楚。

（4）结尾进行正向总结

文章的最后可以进行总结，但必须注意的是，一定要保证内容的积极正向。

除了掌握以上写文章的技巧外，企业老板还要知道，通过写文章输出价值是一件持久的事情。企业老板需要持之以恒，不断输出高质量的文章。

5.4.2 整理出版，提升话语权

企业老板将自己的经营理念、方法等进行整理出版是当下的一个热潮，许多企业老板在打造个人品牌的过程中，都会通过出书的方式提高自己的知名度和声量。大家之所以热衷出书，是因为书籍特有的宣传承载功能，不仅可以帮助企业老板建立个人品牌，提升企业老板的品牌形象，还能提升企业老板在行业内的声量，增加其话语权。

例如李彦宏的《智能革命》、刘强东的《刘强东自述：我的经营模式》等，这些企业老板出版的著作都有不俗的市场反响。当然，他们出书并不是以盈利为目的，他们更看重书籍对企业形象的塑造和对个人品牌的推广作用。

出一本畅销的创始人自传或企业管理理念的书，能为企业老板本人和企业带来全方位的广告宣传效应，传播企业文化，持续增强企业的凝聚力。企业的管理理念得到公众认同，企业老板的知名度与美誉度也会得到提高，员工会因此感到自豪，产生强烈的归属感。读者阅读企业老板的书籍，会潜移默化地被企业老板的价值观影响，成为企业的客户和企业老板的粉丝。

5.5 做演讲

要想加快打造个人品牌的速度，演讲绝对是一个不可忽视的方法，演讲是提升企业家知名度和影响力的有效方法，学会演讲对于打造个人品牌来说十分重要。

演讲是很多企业家的必经之路，除了练习以外，掌握一些演讲技巧也非常关键，有助于演讲质量的大幅度提升。

5.5.1 演讲是老板的生存技能

如何做好演讲？答案就是通过逻辑清晰的讲解，说服听众，让听众认可自己的观点。具体而言，企业老板可以从事件、号召、理由三方面出发做好演讲。

（1）事件

事件指的是以语言的方式对自身经历进行讲述，其中最关键的就是，一定要选择与演讲主题相契合的自身经历，否则，即使讲解内容再精彩也无法在听众心里留下深刻印象。

（2）号召

号召的内涵是展示一个明确且具体的做法，即这件事情应该怎么做。在进行号召时，企业老板不能只是一味地喊口号，还要讲出解决问题的具体方法。

在某次公开演讲中，联想创始人柳传志讲道："要诚信经商、遵纪守法，特别是要善待员工。湿润社会空气是我们企业家义不容辞的责任，不然社会空气过于干燥，出点事就冒火星，这不是企业家和百姓愿意看到的。企业家也有责任，不要炫富，不要做特别让人不齿的事情，应该特别自律。"这就是有实际意义的号召。

（3）理由

企业老板要想让听众认可自己，就要给出非常充分的理由，这通常指的就是利益。对于听众来说，利益最具吸引力。

例如，在2018年阿里巴巴云栖大会上，马云进行了关于"新制造"的演讲，其中讲道："新制造将会重新定义制造业，新制造业将会重新定义客户市场，重新定义供应链，重新定义所有的制造和商业的运营和服务，它是一场技术的革命。"这句话阐明了新制造的利益，为听众提供了一个发展"新制造"的理由，非常具有说服力。

　　除了掌握以上要点外，要想做好一场演讲，企业老板还需要学会以下三项技巧。

（1）用真诚俘获听众

　　在做演讲的时候，企业老板要想让听众信服，就必须将自己的真挚感情和人格魅力抒发出来，正如著名雄辩家昆体良所言："演讲者是一个精于讲话的好人。"这句话中的"好"指的就是真诚和性格。

（2）让听众产生共鸣

　　企业老板要想让听众产生共鸣，就必须在演讲的开头就获得他们的支持和认可，并牢牢抓住他们的注意力。这时，企业老板需要找到一个一致的赞同点。

　　在这一方面，美国总统林肯做得非常出色，就像知名报纸《明镜》描述的那样："在前半小时里，他（林肯）的反对者几乎同意他所说的每个观点。之后，他便一步步领着他们往前走，直到最后他把他们全都引入自己的栏圈里。"

　　在演讲的时候，如果企业老板一开始就提出了能够获得支持和认可的观点，再提出一个恰当的问题，最后带领着听众一起去寻找答案，就非常有利于与听众产生共鸣，从而使演讲效果得到进一步优化。

（3）以热情感染听众

在陈述事实或者观点的时候，用充满热情和感染力的语言会更容易取得良好效果，有利于消除听众的否定想法。如果企业老板希望通过演讲说服听众，那就必须让自己充满热情，这样才更有机会感染听众。另外，除了语言要充满热情和感染力以外，眼神也要充满热情和感染力，否则很难与听众产生心灵上的交流和沟通，也就无法有足够强大的说服力。

总之，在演讲的过程中，企业老板要牢记上述要点和技巧，并多练习、多实践，积累足够的经验。

5.5.2 通过故事讲明重点、突出问题

看过TED的应该知道，里面的每一场演讲都非常精彩，可以直击听众的内心。但到TED做演讲的嘉宾，大部分都是专注于研究的学者，很少与人交流，他们为什么能够做出如此精彩的演讲？

通常在嘉宾正式上场演讲之前，TED会为他们准备专门的培训，而培训的重点就是讲故事。由此可见，对于演讲而言，讲故事是非常重要的部分，一方面，有利于增强语言感染力，提起听众的兴趣，激发听众的情感；另一方面，通过讲故事可以把比较晦涩难懂的道理讲得简单明了，便于听众理解。

讲故事的能力是可以通过培训得到锻炼的，因为一个有吸引力的故事离不开冲突、行动、结局这三个最基本要素。其中，冲突是渴望和障碍的结合，即二者单独存在就不能构成真正意义上的冲突；行动是冲突的产物，正是因为有了冲突，才需要行动来进一步解决；付出行动之后获得了怎样的效果，这便是最终的结局。

以罗密欧与朱丽叶的故事为例，罗密欧与朱丽叶结婚后，罗密欧被勒令放逐，同时，朱丽叶的父亲要将朱丽叶另嫁他人。但是朱丽叶誓死不从，并以假死逃婚来脱身。最终，朱丽叶在罗密欧自杀以后，也自刎殉情。

这个故事有什么特点？就是存在强烈的冲突。如果罗密欧与朱丽叶没有爱上对方，而是安稳地过着自己的生活，这个故事还会流传至今吗？肯定不会，因为没有冲突。

在这个故事中，罗密欧与朱丽叶在一起的诉求是渴望，两家的世仇是障碍，结合在一起就构成了冲突。正是因为有了冲突，才会促成朱丽叶假死逃婚、罗密欧自杀身亡、朱丽叶自刎殉情的行动。在这样的行动下，二人双双失去了生命，走向了一个悲剧的结局。

同样，演讲中的故事也不能缺少冲突、行动、结局这三要素。例如，在一次演讲中，某企业老板说了一个故事，内容大概如下所述。

当初，整个行业都面临着非常严重的挑战，例如产能过剩、竞争激烈等，我们企业也没能幸免，最困难的时候甚至都无法按时给员工发放工资。

但是，这么多员工需要养活自己的家庭，我也需要实现自己的梦想，所以必须要迎难而上，找到新的出路。于是，我和员工团结在一起，大家纷纷献计献策，最后通过对资源配置进行优化、淘汰落后产能、设计研发高端产品，让企业重新焕发了生机，获得的盈利也比之前更加丰厚。

在上述故事中，既有冲突，又有行动，还有结果，三要素全部具备。其中，员工和企业家的需求是渴望，行业面临的挑战是障碍，二者共同构成了冲突；对资源配置进行优化、淘汰落后产能、设计研发高端产品是行动；企业重新焕发生机，获得更加丰厚的盈利是结果。这位企业家完整地诠释了讲故事的三要素。

每一场演讲的时长是有限的，因此，必须在这有限的时长内把最关键的部分说清楚，让听众充分感受到问题的重要性。而企业老板在掌握故事三要素的基础上讲好一个故事就是突出重点、讲明问题的有效办法。

5.5.3 语言和动作要有节奏

在传达信息的过程中，除了语言以外，语速和肢体动作也占据了很大比例。这就意味着，要想完成一次精彩绝伦的发言，不仅要保证内容的质量，还要把握好内容的表达方式。具体该如何把握呢？企业老板需要从以下四个方面着手。

（1）语速不要太快，保证吐字清晰

通常情况下，马云的发言语速都不快，甚至可以说是缓慢。实际上，为了提升自己的影响力，也为了最大限度地吸引听众，马云的发言风格是精心设计过的，语速也包括在其中。每一次发言，马云都会尽量控制自己的语速，当阐述关键内容的时候，他还会特意停顿，以便给听众留出一些回味的时间。

在这样的安排下，几乎所有听众都可以听懂，也都愿意听马云的发言。另外，马云的表达非常简练，非常有吸引力，能影响更多的听众。

（2）灵活运用肢体语言

马云的发言有一项与众不同的魅力，那就是即使关掉声音，也能通过肢体动作了解其发言的精彩。马云在发言的时候，经常在台上踱步，即使需要坐在椅子上完成发言，他也会不断地指点、打手势。这样不仅可以使观点得到更好的突出，还可以对语言进一步强化。肢体语言有利于听众信服，因为任何肢体语言都可以成为强调观点的"工具"。

（3）对重要信息进行重复

重复不是针对所有信息，而是只针对那些重要信息。因为发言的时间毕

竟是有限的，所以，企业老板必须要提炼出重要信息，将其重复以后再切换到下一主题。通过各种方式对某些信息进行重复，可以让听众充分感受到其重要性，同时也有利于为听众留出消化信息的时间。

（4）适度体现幽默

自嘲也是体现幽默的一种，这不仅可以对听众产生更强大的吸引力，还可以拉近企业老板与听众的距离。不过要注意，过度幽默会带来一些负面影响，很有可能让听众把企业老板当成喜剧演员。因此，在发言中体现幽默也一定要适度。

对于企业老板来说，掌握语言和身体节奏是十分有效的能够突出自己演讲技巧的方式。做好这一点，企业老板不仅可以在同行面前大显身手，还可以促进个人品牌知名度和影响力的提升。

5.5.4 乔布斯的演讲之道

企业老板在演讲的过程中发表一些专业的行业见解，非常有利于个人品牌权威度的提升。其中做得最好的当属苹果公司的乔布斯，他利用自己传奇的人生经历和事业上的成就，建立了举世闻名的个人品牌，这无疑是企业家个人品牌的巅峰代表。

乔布斯的挑剔、苛求，曾令他的合作伙伴厌烦，而现在，乔布斯对美学的执着、对信念的坚守都成了他个人品牌的标签，也正是这种强烈的个人色彩，赋予了苹果独特的灵魂与气质。

乔布斯的魅力在于，他卓越的口才为苹果用户呈现了一个与众不同、个性鲜明的品牌形象以及美国新一代创新企业家的精神，并成功地用它们将苹果的用户凝聚起来。

苹果首席执行官蒂姆·库克站在乔布斯曾经的演讲台上评价乔布斯，"他惊人而伟大的天赋，以及对人类价值独特的欣赏与发掘，不只是成就了一件产品而已，而是成就了苹果本身。"

乔布斯是如何通过演讲成就个人品牌，并让每个人都感受到苹果的价值所在的呢？黑羊企业的创始人杰夫·布莱克认为，乔布斯的演讲成功的关键在于触动人心的故事、情感共鸣和完美准备。

（1）触动人心的故事

权威的演讲并不能只依靠幻灯片和一些生硬的理论，而要生动地述说自己对于行业的见解。布莱克表示："演讲台上的乔布斯简直是一个大师级的讲述者，在他身上完全看不到生硬地照搬幻灯片的影子。他才是全场的明星，而不是幻灯片。"

尽管幻灯片对演讲者很重要，但它绝不是提词器。乔布斯的幻灯片上只放一些图片或几个词语，仅发挥提示演讲进度和启发灵感的作用。另外，演讲的信息点应该少而精练，不能像说明书一样，把繁杂的数据或图表都展示出来，因为观众根本记不住这些，他们只能记住那个震撼人心的小故事。

（2）情感共鸣

情感的互动可以帮助演讲信息更好地传播，因此，最好保证演讲的每一个要点都能引起观众的共鸣，而非是单方面地灌输某种价值观。简单的语言就传达出深刻的见解，比夸夸其谈要显得更加专业且权威。

乔布斯重新回到苹果公司时，曾真诚地向所有人表示感谢。他说："能够再次回到苹果对我来说是件幸事，我热爱在此的每一天。我要和我们才华横溢的团队一起工作，能够与你们一同创造出很棒的产品实在是太棒了，真心感谢你们每一个人。"

这句话显然每个人都能理解，而且其中还隐含着对企业发展的欣慰，深深地打动了员工们。

（3）完美的准备

一场完美的演讲，最重要的不是传达的内容，而是传达的方式。《成为乔布斯》的作者之一布伦特·施兰德表示："我曾到场观察过乔布斯的排练，他来来回回踱步于不同的舞台之间，仔细考量灯光及现场色彩的影响，观察着幻灯片放映的效果，以方便下一次调整。"

乔布斯在演讲的过程中认真、专注，同时又十分放松，能够让听众自然地相信他说的话，这也是乔布斯的个人魅力所在。

 ## 5.6 授课

授课也是宣传企业老板个人品牌的重要方法。企业老板可以根据自身专业和目标受众打造系列课程，在传播知识的同时也传播自己的个人品牌。

5.6.1 打造标杆人物衬托自己的能力

企业老板要想在授课的过程中扩大自身的影响力，就需要打造标杆人物，然后向其他学员讲述他们的故事，借故事实现个人品牌的宣传。打造并宣传标杆人物的目的在于衬托企业老板自己的能力，在学员中形成口碑传播，从而扩大自身影响力。

例如，乔青是某企业的老板，在创业的过程中，他建立了自己的创业联盟，也积累了许多创业的知识和经验。在创业有所成之后，他经过多方准备，开设了自己的创业培训课程。

在讲课的过程中，除了讲授专业知识以外，乔青也喜欢讲自己徒弟成长和蜕变的故事。徒弟的成长和创业成功离不开乔青的指导，这衬托了乔青的能力，增强了其在学员心中的影响力。

此外，企业老板需要注意，并不是所有人都可以成为标杆人物，需要选择有特点、具有代表性的人物。在标杆人物的故事编排上，企业老板也要下一番功夫，确保故事有特色，能够成功塑造标杆人物的形象。

5.6.2 讲方法论，增加信任感

很多爱学习的职场人都认识秋叶，他是秋叶商学院创始人，秋叶PPT系列"网课＋图书＋训练营"创始人。秋叶就是通过授课的方式提升自身声量，打造自身个人品牌的。

秋叶凭借秋叶PPT系列课程收获了大量粉丝。他的课程涉及PPT、Excel、Word等多个方面，课程内容都是一样的简洁精练，以讲授各种使用方法和技巧为主。学员能够通过课程学到切实的工作技能，能够更好地满足工作与生活的需要。

起初，秋叶PPT课程的主讲老师以秋叶为主，后来方骥和顾建相继加入，再后来，秋叶PPT吸收了其他一些优秀的讲师，扩大了秋叶的师资队伍。新老师的加入扩充了秋叶PPT的知识深度和广度，也更好地宣传了秋叶的个人品牌，提高了其在行业内的声量。

对于企业老板来说也是如此，要想通过课程宣传自己，就要向学员提供有价值的内容，学员通过课程获得了实用的知识，才能对企业老板产生信

任。这就要求企业老板认真设计课程内容，确保有干货，能够切实解决学员遇到的问题。

当然，授课并非一件简单的事情。要确保学员能从课程中学到知识，企业老板就需要为培训课程设计一个完整的体系，包括教材、同伴环境、老师讲解、答疑解惑、随堂作业、课程实践、考试考核等。尤其是考试考核的问题，如果不能对学员的学习成果进行考核，就无法知道学员的学习效果，也就无法对学员作出有针对性的指导。同时，缺乏真实的评估结果，学员也无法对自己的学习效果做出一个准确的判断。

总之，企业老板需要讲授有干货的课程内容，并为课程设计好完善的体系，以便更好地为学员提供帮助，提升授课的效果。

5.7 开直播

通过直播带货，企业老板不仅可以推销产品，还可以实现个人品牌的传播。

5.7.1 老板是最佳带货主播

当前，直播成为新时代的流量风口，也是企业老板宣传自己的新途径。

企业老板需要抓住这一机遇，积极开直播，以宣传个人品牌，收获更多的粉丝。

2020年6月京东推出"草莓音乐节""总裁价到"等直播活动。在"618"期间，有数百位明星通过京东直播和粉丝进行互动，为粉丝推荐好物并发放各种福利。而京东重磅推出的"总裁价到"活动，邀请了500余名企业高管上场，华为、海尔等总裁纷纷加入"高管直播秀"。各企业高管化身带货主播，积极宣传产品。本次直播活动吸引了大量消费者的关注，除了各企业产品的销量上涨之外，各企业高管本人也收获了不少粉丝，极大地宣传了其个人品牌。

上述案例体现了企业老板直播带货的巨大优势，企业老板是最佳的带货主播。首先，企业老板往往是企业的首席产品官，其对本企业的产品有着深刻的了解，因此能够在直播中详细阐述产品的优势，吸引消费者购买产品。同时，相比一般的带货主播来说，企业老板亲自直播带货更有说服力，能够加深消费者对于产品的信任，有利于产品销售。

5.7.2 老板带货不仅在销售产品

在直播带货的舞台上，不止有素人和明星，更出现了越来越多企业老板的身影。红蜻蜓董事长钱金波、"鞋业大王"奥康国际董事长王振滔、复星国际董事长郭广昌等企业老板都在尝试直播带货。这些企业老板用自己的行业影响力为自家产品做推销，大大提高了产品销量。

企业老板直播带货不仅有利于产品销售，更有利于个人品牌、企业品牌的宣传。2020年6月18日，董明珠直播带货4小时，销售额突破102亿元。同时，此次直播也吸引了众多消费者的围观，许多消费者并没有购物的需求，但依旧观看了董明珠的直播。

在此次直播过程中，董明珠向消费者展示了格力的产品研发流程，展示了格力的科技实力和对于质量的高要求。同时在产品销售环节，她也积极向邓亚萍、王自如等嘉宾展示了格力的各种明星产品。

在直播的过程中，消费者除了了解到格力的产品外，还了解到了董明珠对于科技创新和产品品质的追求，同时在产品分享和消费者互动环节，消费者也能够看到董明珠接地气的一面。这种多方面的个人展示无疑丰富了董明珠的个人形象，也有利于其个人品牌的传播。

总之，通过直播带货，企业老板可以多方面展示自身魅力，传播个人品牌。

第二篇

沉淀流量

第6章

品牌IP化：个人品牌进阶之路

个人品牌是个人形象在他人心中的整体印象，包含个人的能力、性情、职业、人品等。个人IP的重点是IP，即独有的知识产权（Intellectual Property）。和个人品牌相比，个人IP更具独特性，并且具有知识产权价值。

个人品牌的进阶就是将个人品牌IP化，使之吸引更多流量，具有更高的变现能力。在这方面，企业老板需要与消费者建立信任关系，不断丰富自身人设，通过爆款事件提升自己的知名度，并和消费者保持有效的情感互动。

6.1 超级IP就是超级流量

在网络经济中，IP能够吸引更多的注意力，获得更多的流量，同时也具有更高的变现能力。

6.1.1 IP可以汇聚更多的注意力

为什么个人品牌需要IP化？原因在于IP可以吸引更多流量，吸引更多注意力。这对于企业老板深化个人品牌而言是十分重要的。

企业老板需要知道，消费者接收的信息是有限的，在信息爆炸的当下，消费者只愿意接受自己感兴趣的信息。面对大量的个人品牌，消费者只会记住其中极少的一部分。同时，由于消费者在购买产品时会面临诸多风险，所以他们十分缺乏安全感。大多数消费者更愿意选择其他消费者购买过且好评的产品，这也是为什么一些大品牌能够获得更多青睐的原因。

这些现实都意味着，企业老板不仅要打造个人品牌，还要将个人品牌进化成个人IP，以吸引更多的注意力。个人品牌IP化能够解决个人品牌受关注度不足的问题。首先，IP能够承载和强化信息，更容易产生话题；其次，IP具有感染力，可以向消费者传递更多的情感，构建情怀；最后，IP生动饱满的形象塑造，可为个人品牌带来更高的识别度。

那么，个人品牌要如何进行IP化呢？个人品牌的IP化就是让个人品牌拥有鲜活、具体的特征，而要获得这样的特征，就需要人格化。例如，提到迪士尼，大家会想到米老鼠、白雪公主等经典角色，这些角色就是迪士尼的知名IP，正是这些IP赋予了迪士尼经久不衰的品牌影响力。

品牌的创始人，即企业老板可以成为天然的人格化IP。锤子手机的粉丝很多都是罗永浩的忠实"信徒"，苹果手机的粉丝中也有很多是乔布斯的"信徒"，还有小米的雷军等，这些品牌的创始人因为个人魅力而成为知名人物，其魅力也反映到了个人品牌上，使个人品牌因为鲜活的人物形象而拥有了一份温度与性情。

个人IP是由个人品牌进化而来的，是个人独有的差异化标签和独特印象，如果说个人品牌是一座金字塔，那么个人IP就是金字塔中更容易被看到的塔尖。因此，企业老板需要在自己的个人品牌上集中发力，建立具有丰富记忆点的差异化标签。

6.1.2 IP是一个高效的消费入口

和个人品牌相比，个人IP具有更强的变现能力，是一个高效的消费入口。其原因主要有以下几个方面。

（1）凝聚更多粉丝

相比个人品牌，个人IP能够凝聚更多的粉丝。IP是一种超级文化符号，具有较高的辨识度和影响力，能够加强粉丝对于个人的认知，吸引更多粉丝的关注。同时，IP传递的感情和价值观能够增强粉丝的认同感和归属感，提高粉丝的黏性。这些对于IP变现都是十分有利的。

（2）拥有超长的生命周期

形成IP的个人品牌必定有优质内容的支持，这些不断更新的优质内容能够体现IP的价值观和精神内核，这也是IP最吸引粉丝的地方，同时这也使IP拥有了超长的生命周期，能够使IP实现长久的、持续的变现。

（3）变现方式多样

个人品牌形成IP后，变现形式会更加多样，如直播带货、短视频、开设课程等。在更多的流量支持下，创作收益或直播带货收益等都会大大提高。

打造IP是提升变现能力的有效方式，个人IP具有更强的粉丝吸引力和凝聚力，拥有超长的生命周期以实现更长久的变现，同时其变现方式也更为多样，能够实现多方面创收。

 ## 6.2 充分了解消费者

在个人品牌IP化方面，企业老板需要充分了解消费者的心理和诉求，并针对其诉求输出内容。只有这样，才能够获得消费者的信任和支持。

6.2.1 核心层：占据心智，升级信任力

要想吸引并沉淀更多流量，首先要占据消费者的心智，提升消费者对自己的信任。为此，企业老板需要做好以下几个方面。

（1）用专业知识征服消费者

在推销自己或介绍产品的过程中，只喊口号难以使消费者对企业老板产生信任。想要建立与消费者之间的信任关系，企业老板就必须用自己的专业知识征服消费者。

在平时做演讲、接受采访、发布稿件等输出内容的时候，企业老板一定要输出有专业度、有深度的内容。在社交媒体上与消费者互动或回答消费者提出的疑问时，表达也要有理有据、层次分明。需要注意的是，专业性方面的内容输出是重复性的、长期的，在一遍遍的专业内容的影响下，消费者才会逐渐加深对企业老板专业性强的认知。

（2）多讲故事，拉近与消费者的距离

除了展示自己的专业知识，企业老板还可以通过讲故事拉近自己与消费者的距离。

许多企业老板在输出内容的时候，过于重视自身专业性的输出，而忽略

了讲述其他的个人故事、企业故事等。这不利于拉近和消费者的距离，也不利于更好地赢得消费者的信任。

企业老板多与消费者分享个人故事、企业故事等，可以在消费者心中建立起更加丰满的形象。这些创业故事和生活故事可以引发消费者的共鸣，从而拉近企业老板和消费者的距离。双方的"距离"近了，消费者才能更容易信任企业老板。

（3）强调产品性价比，做消费者心中的良心卖家

产品是企业老板与消费者建立信任关系的媒介，企业老板可以通过产品提升消费者对自己的信任度。例如，企业老板在介绍产品的过程中突出产品的性价比，或介绍产品比同类产品贵的具体原因，做消费者心中的良心卖家。

（4）坦然讲明产品的缺陷

没有产品是完美的，企业老板在介绍产品时，不需要回避产品的缺陷。一些企业老板在介绍产品时一味地介绍产品的优势，绝口不提产品的不足之处。这样的自卖自夸只会让消费者对产品和企业老板产生怀疑。如果企业老板在说明产品优点的同时也讲明产品的缺陷，就会让消费者感受到企业老板的坦诚，从而提升对其的信任。

6.2.2 主体层：打造并强化人设

对于企业老板而言，完善自己的人设能够增强个人IP对于消费者的吸引力，有利于流量沉淀。企业老板需要根据自身的性格特点、专业技能等打造适合自己的人设。如"比女生还会化妆的男生"是李佳琦的人设，这个人设是符合其身为带货主播的专业技能和性格要求的，也是消费者记忆的亮点。那么，企业老板应如何打造出最适合自己的人设？

首先要寻找自身的辨识点。在打造人设时，企业老板要对自己有一个清楚的定位：我是谁？我的工作是什么？我凭什么让别人喜欢？在思考这些问题时，企业老板要发掘自己有辨识度的几个方面，然后再进一步分析。外表、性格、特长等都可以成为打造人设的出发点。

其次要对自己的特点进行大胆挖掘、重复深化。企业老板需要投入大量的时间挖掘自身的特点，并且要进行大胆的尝试，最终选出最让人印象深刻的特点。当企业老板确定这个特点后，还需要不断深化，通过重复展示使消费者形成记忆点。

最后，企业老板要持续维护自己的人设。一旦确立了人设，就不要随意更改，长久地输出同一个人设才能够在消费者心中留下深刻的印象。企业老板在进行每一次内容输出时，都要考虑输出内容是否与自己的人设相符。持续产出与人设一致的内容可以一步步强化消费者对企业老板的印象，使企业老板与消费者之间的关系更加牢固。

6.2.3 识别层：制造爆款事件

在个人品牌的IP化传播中，企业老板必须要能够引起他人的注意，在吸引人关注方面，"口红一哥"李佳琦无疑是一个很好的范例。

李佳琦十分善于制造热点。例如，他曾挑战"在30秒内涂最多口红"的吉尼斯纪录并获得成功。2018年9月，李佳琦直播了自己"30秒涂口红"的挑战，并因挑战成功成为名副其实的"口红一哥"。

再如，在2018年双十一时，李佳琦与马云的直播又使其成了消费者关注的焦点。在这场直播中，李佳琦与马云PK卖口红，最终李佳琦卖掉1000支，马云卖掉10支。通过这场直播，李佳琦借马云的人气为自己带来了更多关注。

企业老板要想实现个人品牌的IP化传播，也需要制造爆款事件来引人关注。当前已经有很多企业老板通过和明星开直播、根据社会热点制作短视频、与行业大咖对话等制造爆款事件。

6.2.4 表达层：保持有效的情感互动

在表达方面，企业老板需要和消费者保持有效的情感互动，这样才能提高消费者对个人品牌的黏性和信任度，有利于个人品牌的IP化传播。具体而言，企业老板需要做好以下两个方面。

首先，企业老板要了解消费者的需求并通过产品释放需求，这个需求就可以成为企业老板和消费者进行情感互动的"法宝"。因此，企业老板必须重视消费者的需求，充分了解消费者对产品的意见以及对服务的满意程度。

了解了消费者的需求以后，企业老板还要想方设法满足需求。例如，消费者想要一款全面屏手机，那么企业老板就要对这一需求引起足够重视，可以督促研发部门尽快研发出全面屏手机，然后再根据市场现状制定出相应的营销策略。

此外，企业老板需要关注消费者的反馈，对消费者提出的产品问题引起重视并承诺尽快解决，同时阶段性地和消费者汇报问题处理的进度，以此与消费者进行情感互动。当消费者提出的需求被满足后，其就会和企业老板产生更深的情感连接。

其次，在与消费者进行互动时，企业老板必须要站在消费者的立场上思考问题，同时输出价值观正确的内容。如果企业老板发表内容的观点和消费者的观点相违背，或者表达出了不正确的价值观，都会受到消费者的反感和抵制。这样的互动无法增进双方的情感交流，甚至会对个人品牌的IP化传播造成不良影响。

第7章

粉丝运营：粉丝即流量

成为企业老板粉丝的消费者更容易接受企业老板的观点，并愿意购买其推销的产品。因此，在获得部分消费者的关注和支持之后，企业老板就需要将这些消费者转化为自己的粉丝，同时做好粉丝运营。企业老板要注重粉丝体验，为粉丝提供价值，激活并留存粉丝。

7.1 为什么要把用户变成粉丝

在这个粉丝即流量的时代，越来越多的人意识到粉丝的巨大作用。对于企业老板的个人品牌来说，只有获得了大量的粉丝才能提升个人品牌的影响力。粉丝不仅是产品的忠诚用户，还能够在企业老板个人品牌传播的过程中发挥重要作用。

7.1.1　粉丝行为超越消费行为

对于企业老板而言，粉丝的价值是巨大的。粉丝是一种情感纽带，粉丝行为超越消费行为本身，能够为企业老板的个人品牌带来更大价值。只要拥有粉丝，企业老板就可以实现精准营销和高效转化。

以前，企业老板要想宣传自己，需要广告、产品销售以及公关等一系列手段的协同，而现在粉丝是关键。如果企业老板有足够多的粉丝，一切的个人品牌宣传工作都可以通过网络平台实现。

2021年3月29日，罗永浩发布了一条直播预告，该微博获得了超过2.8万次转发和4000多次点赞，如下所示。

罗永浩 V 🐯
3月29日 17:59 来自 微博 weibo.com 已编辑
【关注+转发，抽送一台 iPhone 12】4月1日，是交个朋友直播间开播一周年的日子，在那一天，我们除了正常的直播带货外，还想做一点特别的事情，就是和你聊聊感情。

于是我们在直播带货的那个平台启用了一个全新的账号：#老罗和他的朋友们#。在 🔗 4月1日晚7点，我和@蔡康永、@李诞 等嘉宾将在 … 展开全文 ⌄

罗永浩微博

该微博获得如此多的转发和点赞不仅是因为微博中的转发抽奖信息，还因为罗永浩在粉丝中的强大影响力。对于其他企业老板来说也是如此，只要拥有了粉丝，就可以引导粉丝传播自己的个人品牌，不断提升个人品牌的影响力。粉丝行为的价值不仅在于消费，更在于个人品牌的传播。

7.1.2 粉丝重塑个人品牌

美国知名学者凯文·凯利曾提出"一千个铁杆粉丝理论"，即任何创作者想要以创作谋生，只需要获得1000名铁杆粉丝。其中，"铁杆粉丝"指的是无论创作者创造出什么作品，都愿意为此买单的人。另外，粉丝的平均购买力和转化率也远远高于非粉丝人群。

由此可见，对于企业老板来说，粉丝的力量与价值是巨大的。企业老板在打造个人品牌的过程中也特别需要粉丝的支持。粉丝的价值主要体现在以下两个方面。

（1）分享转发

粉丝是企业老板最坚定的追随者，他们会无条件认同企业老板的观点，还会分享转发与企业老板有关的消息。所以，即使粉丝并没有做出任何消费行为，他们的转发分享也会为企业老板带来更多的关注和曝光。

（2）终身留存

粉丝的价值还体现在终身留存方面。在衡量粉丝的力量与价值时，不仅要看当下的利益行为，更要对留存时间以及留存时间内的分享转发进行准确估算。粉丝的力量与价值是远远超乎想象的。

一般来说，与维护一个老粉丝相比，获得一个新粉丝的成本要更高，老粉丝是绝对不可以忽视的重要群体。在当下这个看重内容和服务的时代，要想维护老粉丝，企业老板就需要为其提供高质量的内容和贴心的服务。

粉丝的价值已经不言而喻，在这种情况下，作为"偶像"的企业老板有必要发展更多的粉丝。"得粉丝者得天下。"只有掌握吸引粉丝的技巧，才能够更好地建立个人品牌。

7.2 玩转粉丝营销

在积累和沉淀粉丝的过程中，企业老板要做好粉丝营销，要注重粉丝体验和需求，通过向粉丝传递价值满足粉丝的需求，以此留存粉丝，最终实现粉丝的转化。

7.2.1 提升粉丝体验

在粉丝营销方面，企业老板需要在粉丝体验上多下功夫。有的企业老板输出了很多高质量内容，推出了各种各样的产品，结果却十分惨淡。其中一个很重要的原因就是没有充分考虑粉丝的需求，使粉丝体验不断下降，这也造成了时间、精力、财力的巨大浪费。

企业老板如果想获得更多粉丝，并让他们成为传播推广的主力军，就要提升粉丝的体验。如何才能让粉丝体验爆棚？企业老板可以从以下三个方面着手。

（1）实现情感需求的释放

在广告还很稀缺的时候，有广告就意味着影响力的提升以及粉丝信任感的增强。以公牛插座为例，其广告充分展示了产品的高质量，也因此吸引了一大批看重产品质量的粉丝。然而，当广告越来越普遍以后，粉丝的关注点就发生了变化，他们开始想要了解产品的核心功能，于是就出现了脍炙人口的广告语——"怕上火，喝王老吉。"

随着时代的变迁，消费形式逐渐变得多样化，粉丝更愿意追求情感上的共鸣。因此，企业老板在进行粉丝营销时，要尽量使粉丝的情感需求得到充分满足，这样才可以让他们感受到极致的体验。

（2）深入粉丝的精神世界

此前，企业老板关注最多的是产品质量以及产品自身优势的宣传。但是，在产品同质化越来越严重的今天，粉丝的观念和情绪上升到了一个新高度，于是，更深层次的精神满足就成了企业老板关注的重点。

例如，因为关心单身女性，SK-Ⅱ策划了"她最后去了相亲角"的文案；因为关心孤独人群，网易云把UGC（User Generated Content，用户生产内容）乐评搬到了地铁站。这些案例都已经深入到精神层面，可以让粉丝感受到更好的情感体验。对于企业老板而言，以粉丝需求为中心组织各种活动，深入粉丝的精神世界，也是提升粉丝体验的重要技巧。

（3）不断提高服务水平

服务是影响粉丝体验的一个重要因素，足够优质的服务可以让粉丝感受到温暖。

华为之所以能够获得如此迅速的发展，主要是因为其始终秉持着以用户体验为核心的经营理念。华为的产品总是可以做到精益求精，追求极致。如今，粉丝对产品的要求日益严格，华为也在进一步优化产品功能，提升粉丝体验。

另外，在工匠精神的指引下，华为致力于将极致化的智能产品展现在粉丝面前。正如华为副总裁徐钦松所言："对于华为来讲，我们是要确保在产品上追求极致，体现华为最高的水平，给用户带来最好的体验和感知。华为不会简单地定位硬件的性价比，因为我们在旗舰产品上有更高的追求。一个用户如果逐步成熟以后，他会感觉到华为的极致完美之路，这也是我们一直在传递的理念。"

粉丝体验对于个人品牌的重要性已经不言而喻，要想获得粉丝的青睐，企业老板就不能忽视粉丝体验的提升。提升粉丝体验不仅有利于传播推广个人品牌，还能有效增强粉丝黏性。

7.2.2 持续价值：找到粉丝的留存原因

能够沉淀并留存下来的粉丝更能发挥价值。那么，企业老板应如何留存粉丝？粉丝之所以持续关注企业老板是因为企业老板能够持续为其提供价值，因此，企业老板要做到持续输出价值。

首先，企业老板要做好专业内容的持续输出，通过召开产品发布会、做直播、接受采访等不断向粉丝传递专业知识。周鸿祎就是以专业性内容输出来打造个人品牌的成功案例。周鸿祎曾多次表示：自己好战善战，而隐藏在其背后的底气则是由完善的专业储备建立起来的良好信誉和强大影响力。周鸿祎在个人品牌的内容输出方面是十分强势的。借着大会、访谈、节目等形式，周鸿祎所输出的内容被一次次传播，并在润物细无声中影响了粉丝的选择。

其次，企业老板要通过产品向粉丝传递价值。粉丝之所以成为企业老板的粉丝，除了受企业老板个人魅力影响之外，也表明其对企业老板推出的产品存在需求。因此，企业老板需要了解粉丝对于产品的需求，并通过推出更先进、质量更好的产品满足粉丝的需求。

最后，适当的物质激励也可以有效地留存粉丝。企业老板可以通过转发抽奖、提供产品优惠、发放红包等方式对粉丝进行物质激励，提升粉丝黏性。

7.2.3 雷军：有一种狂热，叫作品牌崇拜

2020年8月，雷军进行了一次"小米十周年"的演讲，吸引了众多"米粉"的围观。雷军在演讲中回顾了小米的发展历史、成就和未来发展方向，引得"米粉"感慨万分。为什么雷军的演讲能够吸引众多"米粉"的目光？有一种狂热叫作品牌崇拜，不仅是对小米品牌的崇拜，更是对雷军个人品牌的崇拜。

在最开始推出小米手机时，雷军主张"为发烧而生"，将小米第一代手机定为1999元，主打产品的性价比。到现在，小米已经发布了"小米11"，高性价比依旧是小米的特点。雷军曾表示，小米在硬件方面的利润不会超过5%，力求以更实惠的价格让更多的人体验到小米的产品。

雷军的这种坚持获得了广大"米粉"的认可，他也通过宣传自己的经营理念和创业故事、召开小米手机发布会、在微博与粉丝互动等吸引了粉丝的广泛关注，成功地打造了自己的个人品牌。

在营销方面，为了推广小米MAX，雷军亲自开启了直播，吸引了数千万粉丝围观。在直播中，他不仅向消费者展示了小米MAX的功能与性能优势，还讲解了许多关于"伪基站"的知识，获得了不少关注。直播过后，小

米MAX的销量有了惊人的上涨，实现了销售额的突破。

其实小米MAX除了放大了手机屏幕外，在技术上并无太大突破。但由于雷军具有很强的影响力和号召力，能引导更多的粉丝购买产品，因此推动了小米MAX销量的增长。

雷军对于"米粉"而言有着很强的影响力，这也体现了品牌崇拜的力量，体现了粉丝对于个人品牌的价值。

第8章

私域流量：持续挖掘粉丝价值

如今，个人品牌传播环境已经碎片化，面对分散的人群和渠道，个人品牌传播并不是一件容易的事。如何才能实现个人品牌的有效传播？这是企业老板需要认真思考的问题。

随着"私域流量"概念的兴起，各企业更加追求低成本且能够实现流量重复利用的营销策略，搭建流量池，以准确触达核心粉丝。对于个人品牌的营销而言同样如此，企业老板需要搭建自己的核心流量池，针对核心粉丝进行精准营销。

8.1 个人品牌传播的三大痛点

个人品牌在传播的过程中存在三大痛点，分别是个人品牌传播存在孤岛效应、有效期短、营销转化难，这些都是需要企业老板引起重视的。

8.1.1 传播的孤岛效应

在个人品牌传播的过程中，很多企业老板都会有这样的困惑：明明进行了多方面的个人品牌营销，却没有达到理想的营销效果，个人品牌营销并没有精准触达目标受众。这是为什么？

移动互联网和社会化媒体使得传播环境越来越碎片化，不同的媒体渠道面对的受众也不同，很难找到能够覆盖全网的媒体渠道。这意味着传播变得更加困难，企业老板可以通过密集的节点式推广提升个人品牌的声量，但在个人品牌传播的过程中，受孤岛效应的影响，各节点的营销动作、营销效果相互孤立，难以形成统一的合力强化个人品牌价值。

孤岛效应割裂了各节点的个人品牌传播的效果，因此，企业老板往往进行了诸多宣传动作，也难以获得理想的宣传效果。

8.1.2 传播有效期短

个人品牌传播的有效期短也是个人品牌传播的一大痛点。许多企业老板都有这样的经历：在某一时间段集中力量进行多方面个人品牌宣传时，能够取得不错的宣传效果，但一旦停止宣传动作，不仅难以吸引新的粉丝，甚至此前吸引来的粉丝也会流失。这是为什么？

碎片化媒体环境使得大家偏爱节点式传播方式，这背后体现了"短平快"的营销思路，即追求短期的营销效果。这使得企业老板在个人品牌的营销中过分注重营销短期效果，而忽视了流量的持续性，忽视了流量的长期维护。在这种情况下，往往营销活动一过，流量就会断崖式下跌，而在下一次营销时，仍需要重新吸引新的流量。

由于个人品牌传播有效期短，企业老板在进行个人品牌营销时难以获得长久有效的营销效果，个人品牌的营销往往是阶段性的。

8.1.3 营销转化难

众所周知，有流量才有经济效益，企业老板个人品牌建立和传播的目的是实现营销转化，获得经济效益，但这一目标却很难实现。

现如今，随着互联网经济的发展，企业间的业务交集越来越多。人们在搜索时能看到电商推送，购物时能聊天交友，聊天交友时能购物。每个企业都开始觊觎其他领域的流量，流量通道被打通，"内容"成了串起不同流量渠道的工具。

一旦有了内容，就相当于有了子弹，内容上传到互联网，传播就开始了。试想，如果有更多的内容，并有更多的人去传播，以现在互联网的传播速度，其影响力和规模自是不言而喻的。同时，企业老板的个人品牌也能在这个过程中发展起来，品牌效应会带来更多粉丝和流量，有利于企业进入良性循环。

"内容为王"的时代，流量变成了"薛定谔的猫"，令人难以捉摸。例如，百雀羚通过一个神转折的民国悬疑故事《一九三一》推广母亲节定制礼盒——月光宝盒。这个广告引发的现象级刷屏证明了它的确戳中了观众的痛点，然而朋友圈表面繁荣的背后却是营销数据的惨淡，《一九三一》千万阅读量却只有不到0.00008的转化率，月销量只有两千多份。

阅读量与销量的对比反差，给众人敲响了警钟，也重新定义了流量与广告的价值。获取流量的最终目的是出售产品，获得利润，而不仅是博君一笑。

很显然，百雀羚的广告从传播效果来看是成功的，它成功吸引了消费者的注意，为品牌带来了巨大的流量。但消费者看完广告之后，赞美的是广告，而不是产品本身，这就有点本末倒置了。

百雀羚本着吸引年轻用户的目的，急于搭上流量的快车，却忽略了自己的忠实用户大多是年龄偏大的女性，最终导致营销对象与产品的核心用户分离，只能惨淡收场。

这个案例可以说明，获取流量的确可以博得关注，但真正帮助企业盈利的是转化率。而营销转化难同样也是企业老板个人品牌传播的痛点。许多企业老板在输出内容时都执着于做"爆款"，却忽略了自家主流消费者的痛点，最后只能形成"虚假繁荣"，对产品的实际销量没有任何帮助。

不同消费者的关注点是不同的。如果主流消费者年龄偏大，他们就更喜欢传统的传播方式，如电视、报纸等。而企业老板以复杂、长篇的文案进行营销，这些消费者就会觉得"不知道在说什么""不知道产品有什么特

点""操作过程复杂"等。消费者只想买东西，花哨的文案却需要他们进行

各种搜索、点击、跳转，消费者自然在这个过程中流失掉了。

因此，企业老板在设计营销内容时要以主流消费者为基础进行设计，这

样生成的流量才是有效的。有效的流量才能带来高转化率，使企业实现盈利。

8.2 沉淀私域流量

为解决以上个人品牌传播的痛点，企业老板需要沉淀私域流量。在私域

流量池中进行个人品牌的营销推广，能够获得更好的营销效果。私域流量也

能够实现流量的重复利用。

8.2.1 精细化运营

互联网行业有句名言："得流量者得天下。"在流量越来越重要的当

下，私域流量受到了越来越多的关注。私域流量是相对于公域流量的一个概

念，通俗讲就是一个可以随时随地触及用户的渠道，如自媒体、用户群、微

信号等。私域流量池里的粉丝是企业老板自己的，可以反复利用，直接触

达。相比之下，淘宝、京东等公共领域流量平台的流量需要花钱购买，而且

价格不低。

李子柒就是通过私域流量实现流量变现的典型案例。她通过短视频运营、个人品牌打造，将粉丝引流至自己的淘宝店铺，实现了流量变现。由此可见，沉淀私域流量对于企业老板而言是十分重要的。

私域流量的重点不是获得流量，而是根据粉丝需求进行精细化运营，增强粉丝黏性，提升粉丝的转化率。为此，企业老板需要做好以下两个方面。

第一，做好内容运营。企业老板需要通过写文章、做演讲、开直播等方式不断输出优质内容，不断强化粉丝对个人品牌的认知，同时打造鲜明的个人品牌特色，让粉丝记住企业老板的个人品牌。

第二，做好活动运营，即线上数字化营销。建立会员制、发放专属优惠券和促销卡、开展返利活动等都是激励粉丝的好方式。企业老板可以通过各类活动对自己的私域流量进行让利低成本营销。

8.2.2 从公域到私域，流量重复用

私域流量能够实现流量的重复利用。当流量被重复利用时，企业老板获得流量的成本不变，却获得了更高的转化率，降低了营销成本，也就相应获得了更多的利益。当企业老板通过社群、自媒体等搭建起自己的私域流量池之后，就需要通过长期的流量经营和激活用户，实现流量的重复利用。

为什么私域流量池中的流量可以重复利用？如果聚集起流量之后只以流量收割为目的，那么企业老板和粉丝之间就是单纯的买卖关系，难以发挥粉

丝的更大价值。而如果企业老板将这些粉丝聚集起来，形成自己的私域流量，同时通过粉丝经营不断加深粉丝对于企业老板个人品牌和产品的认知，他们就极有可能多次购买产品。粉丝的忠诚度高，自然会反复购买产品，流量也就实现了反复利用。

例如，某企业老板通过经营社群沉淀了自己的私域流量，并在社群中不断推出知识付费产品。社群中的粉丝对于这一产品是存在需求的，同时其学习、提升自己的需求也是长期的。如果粉丝通过产品获益良多，就很可能购买第二期、第三期的课程，甚至长期为产品付费。这样也就实现了流量的反复利用。

8.2.3 从产品到粉丝，双向直达

新产品推广往往是企业老板比较头疼的一件事，因为新产品缺乏根基，没有用户评价也没有使用攻略，消费者为了避免风险，往往选择观望。在新产品推广方面，即使投入大量资金，进行大规模的宣传，也可能难以获得较好的宣传效果。

而私域流量可以解决这一问题，私域流量池中的粉丝就是很好的新品试用者。这些粉丝既是产品的消费者又是产品的推广者，在购买产品的同时又能帮助产品传播，从而降低推广成本，使企业获得更多利益。

消费者购买产品的影响因素有很多，如对产品的认知、购买习惯、购买

环境等。因此，企业老板在进行新产品推广时需要做大量的宣传，如视频、广告投放等，使消费者形成对产品的认知。

但如果沉淀了自己的私域流量，企业老板还可以借助粉丝进行产品宣传，实现更好的宣传效果。许多消费者在购买产品前都会参考购买者的意见，私域流量内的粉丝就是最初的购买者，其对产品的评价也会影响其他消费者的决策。

总之，借助私域流量，企业老板可通过产品本身和粉丝影响消费者，更有效地引导消费者的购买决策。

8.3 建立社群，围自己的鱼塘

建立社群是沉淀私域流量的有效方式。在大海中广撒网难以触及目标受众，企业老板可以通过建立社群的方式围起自己的鱼塘。建立社群之后，企业老板可以深度触及粉丝、有针对性地输出价值、通过社群矩阵发展扩大粉丝群体。

8.3.1 强化社交，深度接触粉丝

社群具有社交性，正因如此，企业老板才能够通过社群维护粉丝，用社

群带动产品的销量。社群的活跃程度主要体现在粉丝的谈论热度上，社群是一个将有同样目的的粉丝聚集起来的平台，粉丝在这个平台的主要活动就是讨论、交流。企业老板也可以借社群这一平台深度接触粉丝。

如何发挥社群的社交属性？如何促进企业老板和粉丝的交流？企业老板需要为粉丝提供可讨论的话题，并与粉丝共同探讨，加深彼此之间的了解。

在选择话题方面，企业老板需要保证话题内容与自身、企业或企业产品紧密相连。只有这样，粉丝才能够在社交的过程中加深对企业老板和产品的认知。企业老板可以从以下四个切入点出发，挑选适合社群的话题。

（1）社群性质

从社群性质出发选择话题，能够在潜移默化中让粉丝改变自己的观念，从而更容易接受企业老板的产品。例如，一位企业老板主营的是育儿产品，其社群提供的内容也都是与育儿知识相关的。企业在推出一款辅食产品之前，会先发文告诉粉丝婴儿吃辅食的好处、该什么时候为婴儿添加辅食、该如何选择辅食等。这样一来，婴儿辅食就会引起粉丝的重视。当产品上市时，就会吸引更多粉丝购买。

（2）粉丝兴趣

社群形成的基础就是粉丝感兴趣，因此，企业老板在挑选社群话题的时候，需要考虑粉丝的兴趣。粉丝对话题感兴趣，自然会积极参与到讨论中。

要想保证话题符合粉丝的兴趣，就要对粉丝进行分析研究，包括粉丝的年龄层次、学历层次、所处的地域以及所从事的行业等。在社群粉丝较多的情况下，企业老板无法保证话题符合每一位粉丝的兴趣，但至少要确保话题符合大多数粉丝的兴趣。

（3）产品特点

建立社群的目的是要实现产品销售，因此要注意话题与产品相结合。企业老板可以从产品的特点入手，为产品制造有意义的话题让粉丝讨论，以便让粉丝了解产品，吸引粉丝购买产品。

（4）趣味内容

趣味性强的话题能够吸引更多粉丝的关注，可以调节社群的气氛，但是这类话题不适合经常使用。因为过多的趣味性话题会分散粉丝的注意力，削减其对于企业老板的关注。另外，要坚决抵制低级趣味的内容。

与产品密切相关、符合大多数粉丝审美趣味、顺应时代潮流且兼具趣味性的话题，是最优话题。另外，为了持续激活粉丝，经常更换社群讨论的话题十分有必要，以免粉丝失去兴趣。可以一周更换一次话题，且保证前后话题不重复。

8.3.2 延续价值，长久发展

在建立社群之后，企业老板要保证社群内容输出的价值。毕竟粉丝都希望能够从社群中获取有价值的信息，只有社群输出的内容有价值，才能够留住粉丝并吸引更多粉丝加入。

什么样的内容才是有价值的？对于粉丝而言，社群中发放的各种福利、发布的各种与产品有关的知识是有价值的。所以社群输出内容的价值主要体现在以下两个方面。

（1）福利内容

企业老板可以定时或不定时地为粉丝发放社群福利，如产品优惠券、小礼品等。时不时输出福利内容能够有效提高粉丝对社群的黏性，让社群得到更好的发展。

（2）干货内容

企业老板在社群中发布干货内容时，需要以产品为中心，同时也要满足粉丝的需求。例如，企业主营的是女装，就可以输出一些服装搭配、配饰搭配方面的干货内容。

粉丝加入社群是希望能够从中获得福利、学到知识，企业老板必须满足粉丝的这些需求。企业老板在社群中输出有价值的内容才能够使粉丝意识到社群的价值，才能够吸引和留住粉丝。

社群中输出的内容可大致分为两种，一种是PGC（Professional Generated Content，专业生产内容），另一种是前文提到过的UGC。对于社群而言，PGC是企业老板在社群中输出的专业性内容，而UGC则是粉丝在社群中发布的与产品有关的内容，例如产品使用反馈、产品测评等。在社群中，UGC的价值要远大于PGC，因为UGC更能体现出社群的活跃程度。

如果社群中只有企业老板输出内容，无疑会增加企业老板运营社群的压力，社群也难以长久地发展下去。要想让社群得到更长远的发展，企业老板就必须刺激粉丝进行内容输出。只有让粉丝参与到内容输出中来，才能让社群获得持久的生命力。

企业老板要想刺激粉丝输出内容，最直接的方式就是建立一个科学合理的激励制度，以激励粉丝持续输出内容。企业老板可以给予输出优质内容的粉丝一些物质奖励，例如红包或产品。在物质奖励的刺激下，粉丝的创作积极性也能够被激发出来。企业老板让粉丝活跃起来，引导粉丝持续输出优质内容，才能长久地延续社群的价值，才能让社群长久地发展下去。

8.3.3 社群成熟，矩阵发展

企业老板在建立社群后，要想继续扩大社群规模，就需要进行社群裂变。在进行社群裂变之前，企业老板首先要分析社群是否成熟。

如何判断社群是否成熟？判断社群是否适合扩大规模、进行裂变的关键就是分析构成社群的五大要素。

（1）同好

构成社群的第一个要素是同好，同好是指人们对某种事物的共同认可。例如，某社群粉丝都对产品有兴趣，粉丝因为有相似的爱好，容易形成同好。当粉丝间的同好足够稳定时，就说明社群在这一方面已经成熟。

（2）结构

结构是构成社群的第二个要素，在很大程度上决定了社群能否存活。结构由社群成员、交流平台、加入原则、管理规范几部分组成。如果企业老板没有对这四个方面进行合理规划，社群的发展就会受到影响。社群必须要有一个或几个可以引导社群价值观的KOL，他们可以吸引大批粉丝加入社群。而随着粉丝数量的不断增多，社群的管理规范也应逐渐完善，否则就不能保证社群的粉丝质量和社群的正常运营。

（3）输出

输出是构成社群的第三个要素，是指社群可以为粉丝提供的价值，在很大程度上决定了社群的质量。例如，企业老板可以在社群中发放产品的优惠券，分享关于产品的干货知识等。

当然，企业老板个人的输出能力是十分有限的，但社群中不乏产品的铁杆粉丝，他们对于产品同样有很深入的了解，也愿意分享自己的小心得或使用体验，这些粉丝是社群内容输出的主力军，企业老板要调动他们在社群中输出的积极性。社群有了优质且持续的内容输出，才能够走向成熟。

（4）运营

运营模式是社群裂变的关键因素，运营这一构成要素在很大程度上决定了社群的寿命。企业老板可以从粉丝的活跃度、凝聚力、黏性等方面分析社群的运营模式是否成熟。

（5）复制

具备可复制性是实现社群裂变的前提。企业老板可以从社群的管理规则、运营模式、内容输出等方面判断社群是否能够实现复制。一般情况下，社群规模越大，效益就会越好，这也是企业老板想要扩大社群规模的主要原因。

当社群发展成熟，具有可裂变的能力之后，企业老板就可以将社群中的KOL和核心粉丝分裂出去，打造社群矩阵。

第三篇

双品牌共生

第9章

个人品牌与企业品牌相互成就

品牌指的是消费者对品牌主体（个人、企业或产品等）的认知程度，体现的是品牌主体的社会知名度、认可度与信誉度，它能将品牌主体鲜明且独特的信息特征展现出来，从而产生品牌影响力。针对个人品牌，它的价值在于获得认同感，实现人生价值，创造精神或物质上的利益。针对企业品牌，它的价值在于增强企业的凝聚力、吸引力、辐射力，提升企业在市场中的竞争力，推动企业的长远发展。

个人品牌与企业品牌看上去似乎是相互独立的，但经过精心打造与配合，两者可以达到相互促进、相互成就的效果。利用好这一点，打造双品牌效应，就可以用个人品牌助力企业运营，实现质的飞跃。

9.1 为什么企业需要发展双品牌

个人品牌与企业品牌的受众不同，能够产生的效应也有区别。在企业发展的不同阶段以及面对不同情况时，企业需要的品牌效应是不同的。只有做好全面的准备，打好品牌战役，才能自如应对各种突发状况，走稳接下来的每一步。

9.1.1 老板就像行走的企业广告

在互联网时代，信息流通便捷，消费者获取信息的渠道越来越丰富多样。如今，消费者关注的不再局限于产品本身，还有产品背后的企业所具有的经营理念、文化、价值观念以及对消费者的态度等。企业的这些信息很大程度上可以通过企业老板的个人形象体现出来。对于大部分企业来说，领导者有着怎样的思维，整个企业的发展就会呈现怎样的趋势。

很多企业在经营过程中会给消费者强化有自身特色的形象，让消费者在某些场景下产生条件反射式的联想。例如，家喻户晓的"怕上火，喝王老吉"令很多人在吃辛辣食品时都开始搭配这款凉茶饮料；以"人旺气旺身体旺，财旺福旺运道旺"为广告语的旺旺大礼包也成了家家户户买年货时的首选零食。

企业形象的优劣对于企业经营的成败具有非常重大的意义。在商品种类丰富，消费者的可选范围非常广的今天，任何一个因素都可能令他们改变决定。因此，塑造一个良好的企业形象，能让消费者在心理上产生欣赏与信任。企业老板是企业的第一代言人。在建立企业形象时，企业老板的形象起到了至关重要的作用。

如今，许多企业老板都活跃在大众视野里，发挥着联动效应。大多数人提到小米科技时，首先会想到雷军；提到格力电器时，首先会想到董明珠；提到苹果公司时，首先会想到乔布斯。企业老板就像是行走的广告，已经成为企业有生命的名片。在这样的趋势下，企业老板更要注意个人品牌的打造，使其成为企业品牌的助力，双品牌互相促进、共同发展，最终实现共赢。

格兰仕集团的执行总裁梁昭贤曾说："我每天都自问有没有犯错误，管理好自己，老板的魅力胜过权力。"许多自主创业、仍在精进学习期的企业老板，往往非常重视在产品销售、人际关系、信息采集等方面对自己进行打磨提升，却忽视了对个人形象与个人魅力的打造与宣传，甚至对这方面的内容感到排斥。但其实"磨刀不误砍柴工"，经营好企业老板的个人形象，企业在其他方面也将会获得很大的助力。

企业老板名气的增长是一把双刃剑，企业老板必须谨言慎行，只有善用名气，才能发挥其最大、最好的效果，否则不仅无法助力企业发展，还可能会带来反作用。

9.1.2 人脉资源越吸越多

我们的人脉交往圈拥有着极大的随机性、偶然性、双向性，完全靠自己主动寻找来拓展人脉是非常艰难且不可预测的。在社会交往中，能力是吸引人脉资源最强大的利器。人脉资源的重要特点之一，就是交往双方都对彼此有可用价值。人际交往本质上就是人与人之间的信息与资源交换。所以，如果想要获得优质的人脉资源，首先要做的就是提高自身的水平，站到更高的平台上。当自己足够优秀时，身边才能聚集更多优秀的人。

提升自身实力只是最基础的前提，企业老板还要懂得如何将自己的实力展现到大众面前。企业老板不仅要先明确自身的优势，让自己的能力变得出众，还要善于宣传自己，让这份优秀能被别人注意到。因此，如果企业老板想要更快、更好地获取人脉资源，就必须想办法把自己放在聚光灯下被大家关注到，吸引其他优秀的人来寻找自己。在企业老板树立自己的个人品牌时，可靠、守信、真诚是必不可少的基本素质。

当个人品牌与企业品牌打响后，企业老板与企业本身的知名度就都会有相应的提高，也会有越来越多的专业人才与优秀合作伙伴被吸引过来。久而久之，人脉资源就越积越多，将来可发展的空间也会越来越大。在打造双品牌的同时，企业老板的影响力也在不断扩大，这样能够吸引更多优秀的人脉资源。

这一过程与滚雪球非常相似，雪球越滚越大，人脉资源也就越攒越多，对企业综合实力的提升会产生事半功倍的作用。如果企业老板没有建立自己的个人品牌，就意味着他缺少了一份核心竞争力，所要付出的努力也必然会大于那些善于经营自己的老板。

由此可见，个人与企业双品牌的齐头发展对于创业公司来说非常重要。

9.1.3 品牌为企业"续命"

可口可乐公司的前董事长、"可口可乐之父"伍德鲁夫曾经自豪地说："即使一夜之间，世界各地的可口可乐工厂全都化为灰烬，我也完全可以仅凭可口可乐这个品牌，就从银行获取足够的贷款，重建整个生产线，马上东山再起！"他的这番话并不是夸大其词。曾有权威机构进行过评估，可口可乐这一品牌价值800多亿美元，如下图所示。这一品牌在市场中所拥有的影

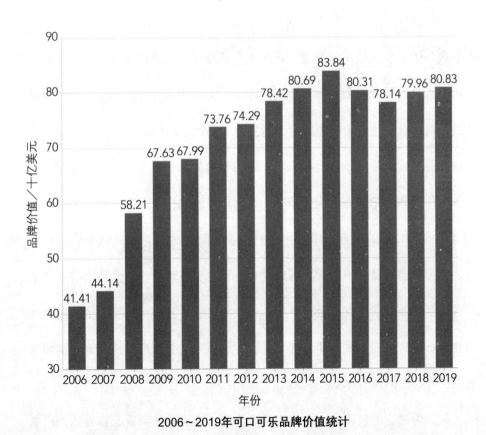

2006~2019年可口可乐品牌价值统计

响力也是其他同类企业短时间内无法比拟的。这份自信就是他所打造的成功的品牌给予他的力量。

优秀的品牌形象逐渐成为企业持续健康发展的重要因素，它能够帮助企业降低运营中的风险，在特殊时刻甚至可以使企业化险为夷。从品牌发展的全过程来看，在不同的发展阶段中，我们可以侧重于不同的内容，在资源配置上也应当有相应的区别。

企业发展前期整体规模小，知名度较低。此时打造个人品牌可以帮助企业更快"出圈"，走入更多人的视野，激发群众对它的好奇心，从而令他们产生进一步了解该企业的欲望。这些人由此便成了企业的潜在客户。企业老板的个人品牌是社会公众对企业总体印象的主要构成部分，也是社会公众认识企业的窗口。这一策略主要目的是提升客户群体的广度。

企业发展到后期，已经拥有了一定的规模与知名度。此时，打造客户对品牌的信任感与归属感成为更重要的事情。可靠的企业形象能帮助企业维持与合作伙伴关系的稳定，增进客户与企业之间的情感，提高消费者的留存率。为企业建立良好的口碑，可以令企业更快实现转型。企业将由前期的依靠特殊事件、话题热点、企业老板个人魅力来吸引客户，转变为依靠过硬的专业技术、高端的产品品质、优异的服务水平来吸引客户。这一策略主要目的是提升客户群体的深度。

在品牌打造的过程中，企业能够更快速、准确地找到适合自身的发展方向，明确自身定位，实现更好、更长远的发展。

需要注意的是，侧重发展某一方面并不意味着其他方面可以被忽视。个人品牌的活跃对于企业品牌的发展是有助力的，而企业品牌的可靠对于个人品牌的保鲜也有很大的作用。

9.2 个人品牌应用的两种模式

个人品牌具有识别功能与信息浓缩功能。当一个人有了自己的个人品牌，他的一举一动都会在别人眼中形成一种标志性的、能够令人快速记忆的符号。大家可以通过这种带有个人特点的符号，快速做出反应，联想到这个人及与其相关的信息。企业可以将个人品牌与企业品牌绑定在一起，相互配合，充分发挥品牌价值的作用，达到最优质的传播效果。

个人品牌在与企业品牌的配合中有两种模式，一种是个人品牌为主，企业品牌为辅；另一种是企业品牌为主，个人品牌为辅。

9.2.1 个人品牌为主，企业品牌为辅

有些企业在经营过程中以发展个人品牌为主，企业品牌为辅，由企业老板的个人热度带动企业发展，如罗永浩和他的锤子科技。此类企业通常由网

络名人创建，有一定的难度，因此较为少见。将自己的个人品牌发展壮大并不算十分困难，但强大到足够用其支撑起整个企业品牌，并不是一件简单的事，这不仅需要流量，还需要技巧。

这种运营模式有以下几个要点值得注意。

（1）拥有对人性敏锐的洞察力与预判力

主营个人品牌的企业运营模式面对的客户群体往往以粉丝为主。这些粉丝通常是被企业老板身上的某些特质所吸引，在这里找到了自己欣赏、肯定或向往的东西，进而去了解企业本身。同理，如果我们想要打造一个成功的品牌，就一定要抓住某一种清晰的、具有指引性的、能够展现自身特色的价值观，让客户产生强烈的情感共鸣。

要想达到这一点，企业老板必须要拥有对人性敏锐的洞察力与预判力，要对舆论环境与民众的心理有透彻的见解。企业老板还必须对大众舆论以及审美的转变趋向有一定的预判能力，要能够带领大家实现改变，而不是追随别人的改变。

（2）充分发挥交际圈的力量，调动一切资源

要单枪匹马从个人品牌做起是十分艰难的，企业老板要善于调动自己身边的社交资源，扩大自己的影响力与可信度，赢得一定的社会名望。

当我们现有的社交资源不足时，我们就需要勇敢地向别人展示自己，扩大自己的社交圈，为其注入新的活力。例如罗永浩在创办牛博网时，曾经四处请人在上面开博。这段经历让他接触到了柴静、冯唐等大量公知，并促使他进入到了这个圈子中，从此成为了他们中的一员。

（3）有持续创造话题热点的能力与思想传播力

在信息量庞大的互联网世界中，企业老板如果想要让大家注意到自己，就需要对自己有一个明确的定位，抢占特征鲜明的个人标签，持续创造热点话题，并稳定输出自己的思想与价值观。

企业老板要找准自己最具天赋、潜力与优势的个人价值，由此提炼出有条件持续运营和广泛传播的个人标签，并在他人的记忆中强化设置与自己相关的"锚点"，让他们条件反射式地每次看到与这一标签相关的内容时都会想起你。

想要做到这一点，企业老板首先需要明确受众群体，之后寻找能够有效触达他们的宣传渠道，最后在选定的平台上反复强化自己的人设形象，加深受众群体的印象。在整个过程中，企业老板都要注意，无论是打造个人标签还是挑选宣传渠道，均需抓住先机，这样才能把握住优势。

（4）把握言行的尺度，防止坠入深渊

行走在舆论的浪潮中，企业老板始终不能忘记要把握自己言行的尺度。这样的经营模式下，企业老板在网络中的形象已经属于公众人物，其言行不再仅仅代表自己个人，更多的是代表整个企业。企业老板必须考虑自己的言行会对其他人产生的更大、更广泛的影响。因为某些不当言论而跌落神坛的个人品牌比比皆是，企业老板应当有觉悟，真正做到"三思而后行"，避免跌落神坛，坠入深渊。

9.2.2 企业品牌为主，个人品牌为辅

有些公司在经营过程中以发展企业品牌为主，个人品牌为辅，个人品牌在经营中仅仅起着对企业品牌进行有效补充的作用，在必要的时候也会担任起以更加人性化的方式发声的职责。这一经营类型的公司较多，如雷军和他的小米公司。高科技类以及商贸类的企业通常比较适合采用这种经营模式。

这类企业的客户虽然会受到企业老板个人品牌的影响，但大多数人消费该品牌的动机并不主要是因为企业老板的个人品牌，因此具有更强的稳定性。商品品牌的价值含量和企业品牌服务的美誉度是此类企业的核心。

打造优秀的企业品牌是一个需要漫长积累的过程，在这个过程中主要需

要注意以下四个方面。

① 重视提高企业的知名度，坚持品牌自身的特色，不断创造新话题热点，做好宣传工作。

② 以完善品牌美誉度与可信度为主要关注点，脚踏实地地提高产品质量与服务水平，打好基础。

③ 品牌忠诚度是品牌价值的核心，要以提升客户对品牌的忠诚度为目标，维护企业品牌未来的长期持续发展。

④ 创新主要包括观念创新、体制创新、技术创新、服务创新等多个层面，是一个系统工程，是品牌的不竭活力，有助于品牌的延续与成长。唯有坚持创新才能走向成功。

只有扎扎实实、一点一滴地培育企业品牌，企业才能够保持健康、稳步发展，最大限度地发挥它的魅力。

在这种以企业品牌为主的经营模式下，个人品牌方面需要做好两点：一是保持与企业品牌价值观、风格一致，不能相悖；二是保持真诚的态度，减少与客户之间的距离感。

雷军对个人品牌的经营效果相当不错。雷军在各网络平台上都与粉丝密切互动，还经常帮助消费者解决产品使用中遇到的问题。他在现场演讲时给人的感觉很像是一位亲和的长者或亲近的朋友。因此，很多人受到他个人魅力的吸引，成了"米粉"。除此之外，小米公司的产品也确实拥有超高的性价比，即使是对这一品牌及雷军本人没有事先了解的普通消费者，也比较愿意购买小米的产品。

企业老板的个人品牌与企业品牌像这样相互交织、融合，相辅相成，共同发展，便是最佳的状态。如果只强调企业品牌的作用，则会令企业少了一丝人情味，无法拉近与消费者之间的距离；而如果过于强调个人品牌的影响力，则有可能对企业品牌产生反噬的效果。例如，乔布斯的逝世至今依然对苹果公司的运营有着"余震"。如何把握二者之间的平衡，需要企业老板在实践中根据企业特质逐渐调整。

9.2.3 褚时健：传奇人生与"励志橙"

褚时健是中国最具有争议性的财经人物之一，他是云南红塔集团有限公司和玉溪红塔烟草（集团）有限责任公司原董事长，褚橙的创始人，被誉为"中国烟草大王"与"中国橙王"。他的一生经历了两次高峰与一次低谷，跌宕起伏，富有传奇色彩，人们对他的评价也是褒贬不一。

1979年，他出任了玉溪卷烟厂厂长一职。1987年，玉溪卷烟厂便成为中国同行业内的佼佼者。1994年，褚时健当选全国"十大改革风云人物"，获得了"中国烟草大王"的荣誉称号。褚时健一共用了15年的时间，成功地将"红塔山"打造成了中国香烟行业的著名品牌，也使玉溪卷烟厂摇身一变，成为在亚洲名列第一、在世界也位居前列的现代化大型烟草企业。褚时健的经济管理才能在此时就已经显露了锋芒，但他人生真正传奇的部分却是在他的晚年。

自1995年起，褚时健的人生便逐渐偏离了航向。1999年，已经71岁的褚时健遭遇了人生的"滑铁卢"——因巨额贪污和巨额财产来源不明罪被判处无期徒刑、剥夺政治权利终身。2001年，他因病获批保外就医，得以回到家中，但活动范围被限制在了他的老家一带。

然而重返故乡的褚时健并没有选择就此平平淡淡地安度晚年，而是在哀牢山发掘了新的机遇。在2002年，已经74岁的褚时健和妻子马静芬在玉溪市新平县哀牢山，承包了2400亩的荒地，开始种植冰糖橙。

我们在74岁时会做些什么？对于很多人来说，74岁已经进入了人生的最后一个阶段，开始颐养天年，坐享清福了。但褚时健并不甘心如此，他的心中依然有着一股不服输的劲头。74岁对于褚时健来说，只是一个简单的年龄数字。他用自己的行动告诉所有人：人生拥有无限的可能，永远不要给自己设限。

幼苗成长为一棵大树的过程是漫长的。一棵橙树从栽下到挂果，大概需要6年的时间。6年的时间并不算短，更何况这6年仅仅是用来等候一件事情的成果。对于年轻人来说，6年的时间都是珍贵而难耐的，已经74岁的褚时健却信心满满地将这么长一段时间全部交给橙林，憧憬着满山果实飘香。

褚时健种植冰糖橙的第二年，著名企业家王石曾去探望他。当他看到虽然年事已高但依旧精神奕奕的褚时健时，不禁发出感慨："橙树挂果需要6年，6年之后他就80多岁了，一个70多岁的老人创业，大谈80岁以后的场面，这是一种什么样的精神啊！"自此以后，王石便经常去哀牢山找褚时健。王石说："我有很多粉丝，但我是褚时健的粉丝，他不仅是云南人的骄傲，更是我们这些企业家的骄傲。所以，我每次去见他，不能说是看望他，而是带着崇敬的心情来取经的。"

2012年，褚橙终于成熟，并通过网络电商平台开始售卖。褚橙品质优良，皮薄味甜，一经上市便被抢购一空。褚时健整日泡在哀牢山的橙林中，甚至提着吊瓶也要坚持去观察果树的长势。10年来风雨无阻地付出，终于带他抵达了新的人生巅峰，让他一跃成为名副其实的"中国橙王"。同年，褚时健当选了云南省民族商会的名誉理事长。2014年12月，他还荣获了第九届人民企业社会责任奖评选的特别致敬人物奖。

褚时健如今不只是一个优秀企业家代表，更是一种坚持不懈的创业精神的象征，是一面引领着无数人心怀梦想去顽强奋斗的旗帜。

褚时健的强大之处并非在于他的大智慧和强劲的手腕，更多地在于他内心拥有的不服输的韧劲。他乐观的人生态度与不灭的创业激情，甚至可以说领导了一个时代的企业精神。

9.3 老板个人品牌为企业品牌赋能

随着互联网的发展，网红经济在这个时代悄然兴起。这种新兴经济模式的发展，为我国当前的经济环境也注入了新的活力。建立用个人品牌为企业品牌赋能的思维模式，已经成为每一位企业老板必备的功课。企业老板可以通过对个人品牌的打造，利用多样化的营销手段获取流量，提升企业品牌的影响力。

9.3.1 企业发声渠道多样化

俗语说，酒香不怕巷子深。但在当前这个信息爆炸的时代环境下，酒再香也会被深巷子所埋没。企业如果想在竞争激烈的市场中脱颖而出，不仅需要优质的产品，更需要良好的宣传。企业只有持续进行有效的宣传曝光，才能不断吸引客户。在宣传过程中，企业多样化的发声渠道是关键要素，而老板个人品牌的发展恰好为这一点做出了贡献。

以前企业的宣传媒介较为单一，只能依靠铺天盖地的广告投放。广大客户十分被动，难以拥有话语权，无法参与其中。随着各种新兴宣传媒介的出现，企业与客户的发声渠道都越来越多样化。客户逐渐掌握了主导权，企业的营销方式也势必要随之做出调整。在当下，通过个人品牌与客户建立联系，坚持客户优先的经营策略才是核心所在。

在营销渠道方面，企业可以从自有渠道和行业渠道两个方向进行建设规划。

自有渠道主要包括企业官网以及各种自媒体平台，如微信公众号、知乎、哔哩哔哩、抖音、微信视频号等。它们的作用是塑造品牌形象，打造品牌IP。

行业渠道主要是借助行业协会、行业展会等大平台进行宣传。通过此类渠道，信息可以投向更有针对性的客户群体，还能通过这些官方组织为企业提供口碑背书。

个人品牌主要利用的是自有渠道。企业老板在利用个人品牌宣传时，更应该充分挖掘企业品牌的内核，增强与客户的互动，加强客户对企业品牌的感知度，为企业发声，帮助客户更好地理解企业品牌。

9.3.2 架起企业与客户沟通的桥梁

个人品牌为企业品牌赋能的第二大作用——能够在企业与用户之间架起一道人性化的沟通桥梁。在个人品牌的经营中，一定要秉承"用户第一"的核心理念，建立客户与企业之间的信任感。

信任是个人品牌的基石。从某种程度上讲，人与人之间的信任，要依靠相互的交集去建立和连接。这里所说的交集可以是生活，可以是工作，也可以是感情。而且交集越多，人与人之间的信任就会越强。

信任是每一家企业都应该重视并尽力给予客户的。因此在打造个人品牌的过程中，将心比心和换位思考是非常关键的两点。企业只有积极地换位思考，想用户之所想、急用户之所急，才能够与用户建立良好的信任关系，从而真正获得用户的认可和青睐。

个人品牌给客户带来的观感并不会像企业品牌那样宏大，因此会更容易有亲近的感觉，两方在沟通时的立场更为平等，能有效减小客户的心理落差感与怀疑感。以个人品牌的形式与客户进行沟通，能达到最顺畅的效果。

9.3.3 个人魅力吸引优质人才

优秀的领导力是企业老板成功的必备条件之一，而企业老板的个人魅力又是其领导力最直接的一种展现方式。其他人对企业老板个人魅力的反馈结果可以体现出大家对该企业老板是否认可，企业内的员工们对企业老板的管理是否心悦诚服。

这一点在企业运营中非常重要，如果一位企业老板缺乏个人魅力，该企业就需要靠更多其他的物质条件来留住人才，这将产生更高的成本。假如企业给员工的工资福利稍高于行业平均水平，员工也许还会勉强留下，但如果情况稍有变化，员工则很容易就会毫无留恋地立即离开。交友时讲究"道不同不相为谋"，工作中也是一样，员工更乐于与自己人生观、价值观相近的企业老板共事，工作环境的整体氛围也会更好。

个人的气质品格、学识修养、意志精神、话语权威、社会地位等多方面因素共同组成的感召力与吸引力，就是企业老板的个人魅力。"上有好者，下必有甚焉者矣。"企业老板优秀的领导力会对企业的管理产生巨大的影响，能让共事者产生敬佩感，促使员工们模仿、追随企业老板的步伐。在企业已经面临倒闭的境地，但员工受到企业老板人格魅力的影响，最终与老板一起攻克难关的例子有很多。这些都提醒企业要重视其老板个人品牌魅力的打造。

第10章

你需要一个专业团队管理个人品牌

个人品牌虽然只针对企业老板一个人，但在构建它的过程中，绝不仅仅是企业老板一个人就能够做好的。

管理个人品牌、经营企业老板的个人形象，听上去似乎是一件非常简单的事情，许多企业便会因此忽略了对它的投入。但个人品牌经营效果的好坏会极大地影响企业的口碑，甚至直接影响企业的发展前景。所以依靠专业的团队来对企业老板个人品牌进行管理虽然会增加维护成本，但同时也可以为企业创造更高、更稳定的收益，是十分有必要的。

10.1 个人品牌维护需要哪些人

在管理老板个人品牌的专业团队中，需要根据功能的不同分为产品人、内容人、运营人、渠道人四个部分。团队成员间分工明确、各司其职，才能够起到对个人品牌最好的维护效果。

167

10.1.1 产品人：生产价值

在个人品牌的打造过程中，首要的是建立价值。个人品牌背后的价值包括两个方面——企业产品的价值与个人产品的价值。企业产品的价值由该企业生产的产品拥有的质量、功效等多方面因素组合而成，它会为企业老板个人品牌的信誉度打下基础，影响受众群体对该个人品牌的信任感。个人产品的价值主要针对的是企业老板的个人魅力，包括企业老板日常的分享、价值观的输出等内容。个人的学识与修养需要经过时间的沉淀，因此，优质个人品牌形象的养成绝不是一朝一夕就能做好的。

产品人主要针对的是企业产品价值方面的把控。

如今的消费模式已经不再是单调的买卖，还有信任和价值的传递。老板个人对于产品质量的精益求精，也能够为其个人品牌增加信任感，从而进一步使消费者对该企业老板所领导的企业抬高印象分。

1985年发生过一个非常经典的事件——海尔"砸冰箱"事件。虽然已经过去了许多年，但这一事件如今依然为人们津津乐道，被业内奉为佳话，令各大企业领导者纷纷效仿。

在1984年以前，青岛电冰箱总厂的产品质量参差不齐，生产出来后都要按照一等品、二等品、三等品、等外品四个质量梯度进行分类。当时我国刚刚改革开放不久，物质资源供不应求，即使是有质量问题的产品，也会很快被抢购一空。在这样的背景下，刚刚上任厂长的张瑞敏发布了一系列管理规定，整顿厂内的风气，并引进了德国利勃海尔的一条冰箱生产线，想要提高厂内的整体生产水平与质量管理意识。

然而，改革并不是一朝一夕就能完成的。1985年4月，张瑞敏收到了一封用户的投诉信，表达了对海尔冰箱质量问题的不满。张瑞敏收到反馈后立刻带人检查了仓库，结果发现仓库中的400多台冰箱里，质量不合格的数量竟然高达76台。许多人建议将这些不合格品低价抛售，以减少损失，却都被张瑞敏义正词严地拒绝了。

"我要是允许把这76台冰箱卖了，就等于允许你们明天再生产760台这样的冰箱。"张瑞敏当即决定召开一次全体员工大会，要求把这76台质量不达标的冰箱全部砸掉，而且要生产这些冰箱的人亲自砸。这次事件给了海尔的员工极大的震撼，"质量"二字从此烙印在了员工们的心里。三年后，该厂所生产的产品在全国评比中获得了国家质量金奖，这也是冰箱行业取得的第一枚质量金牌。

"砸冰箱事件"为海尔这一品牌树立了争创一流的形象，也使张瑞敏的个人品牌成为精益求精的代名词，令消费者对他的信任感大大提升。这便体现了产品价值与个人品牌之间的紧密联系。

李佳琦有"口红一哥"之称，其地位难以撼动的原因，除了他极富感染力的言语表达方式与反差力之外，主要得益于他明确的价值观与对产品质量的严格要求。在口红试色的过程中，他的判断标准十分明确，不会轻易更改。他会根据自己的真实感受给出建议，好看、好用的就会推荐，质量不好、存在问题的直接批评。这样明确的价值观导向帮助他获得了更多人的信任，也为其成功打造个人品牌奠定了坚实的基础。

因此，产品人在打造个人品牌时，一定要有明确的价值观导向。企业老板的价值观、对待产品价值的态度都需要十分清晰，这样才能使个人品牌做到定位准确、特色鲜明。当辛苦建立起来的形象因为某些事件而崩塌之后，牵扯甚至毁掉的不仅是自己，还有背后的整条商业链。

10.1.2 内容人：包装输出

文化与思想的输出是打造个人品牌形象的主要手段。分享自己对人生与各事物的心得体会，在各种平台上发表自己的见解，建立有特色的个人形象，是个人品牌内容包装的主要任务。在输出过程中一定需要有专业的内容人来严格把控。

在这个产能过剩的时代，社会缺少的是有趣、有温度的人。一个有吸引力的个人品牌，背后一定经历过长时间的累积和打磨。企业老板也需要在输出优质内容的同时，不断地输出自己独特的思想，吸引那些认可个人品牌价值观的人始终追随我们的脚步。

团队在设计内容时，可以借助企业老板自身的行业高度来发表一些预判性的信息。例如，在网上搜索"五年后 李彦宏""五年后 马化腾"等类似的关键词，会出现很多与行业预判相关的推送，如"李彦宏预测自动驾驶五年后规模化商用""马化腾：在线生活五年后大普及"等。

另外，网上也有不少以"五年后中国的电商是什么模样""五年后的中国商业经济会呈现什么状态"等为主题的内容。

那么我们为什么要做关于五年后行业状况的预判呢？原因非常简单，就是要实现领域引领的效果。谁也不知道五年之后会不会如此，但发布内容的人此时此刻确确实实达到了对行业内前景产生引领效果的目标。

实际上，现在很多知名的企业老板都在做这样的预判，上面提到的只是其中的一小部分。总而言之，只要我们有实际的内容输出，并且选好精准且具体的关键词，让广大用户可以通过这些关键词搜到我们的预判内容，就算是获得了成功。可以说，在占领内容版块这一方面，预判所呈现的价值输出是极其重要的，因为这将会决定受众群体眼中的企业老板是怎样的形象。

10.1.3 运营人：服务粉丝

自古代起，我国便讲究"海誓山盟"，实际上，品牌与粉丝同样也需要对各自的心意进行证明。至于应该如何证明，最好的方法就是借助社交媒体的力量。

如今，社交媒体越来越发达，吸引了众多品牌和企业老板的关注。社交媒体不仅可以帮助品牌建立强有力的存在感，还可以更加准确地瞄准目标粉丝。不过，要想把社交媒体运营好可不是一件简单的事情，除了要进行内容推送，还要重视与粉丝的互动，并对数据进行分析。这些便是团队中运营人的工作。

粉丝喜欢互动，也需要互动，因为这是他们了解品牌与企业老板的一个重要途径。在这种情况下，社交媒体的作用愈发凸显。无论是朋友圈里的点赞评论、微博上的分享转发，还是微信群、QQ群里的激烈讨论，都属于粉丝互动行为。在这些互动中，企业老板的每一个行为都会产生不同的影响，有专业的运营人把控方向，可以创造更好的互动环境。

总之，在与粉丝互动的过程中，社交媒体绝对是一个必不可少的工具。如果利用好这一工具的话，不仅可以挖掘并满足粉丝的核心需求，还可以优化品牌和企业家的形象，更重要的是，还可以达到精准引流和裂变转化的强大效果。

10.1.4 渠道人：深挖流量

前文我们提到企业品牌营销主要包含自有渠道和行业渠道两个方向。渠道人的作用是充分利用这两个渠道下的各种媒介，为企业创造流量。渠道人可以主营以下五种渠道。

（1）新闻传播：提升品牌美誉度

在竞争日益激烈的市场中，利用好新闻传播可以多角度、全方位地向客户传达企业文化和品牌特色，帮助客户更深入地了解产品设计与品牌理念。除此之外，此举还能对客户的决策产生影响，促使交易的达成，从而使企业在竞争中占据有利地位。

（2）百科建设：抬高品牌公信力

如今百度百科对个人与企业品牌来说，相当于互联网上的"名片"与"简历"。它能够全面地介绍企业的主体信息，并且会根据最新情况及时做出调整，把最前沿、最真实、最完整的内容展现给检索者。做好百度百科的建设可以给品牌树立强大的公信力。

（3）口碑传播：强化品牌忠诚度

口碑传播又被称为"病毒式传播"，可分为传统口碑传播和网络口碑传播。其核心内容就是以具体事件去"感染"目标人群。渠道人可通过制订一系列的口碑推广计划，让客户更多层次地了解品牌内容，有效提高潜在客户的成交概率。此后再进一步增强客户对品牌的信赖感，提升复购率，强化客户对品牌的忠诚度，助力企业完成流量变现。

（4）社会化媒介传播：促成品牌受众多元化

这种方式主要是利用社会化网络或者其他互联网协作平台媒体来进行营销。渠道人可以通过搭建视频号、贴吧、论坛等社会化传播渠道，让品牌的受众变得更多样化。这样也可以让品牌积累粉丝，让许多中小企业有更多自主营销的机会。

（5）新媒体传播：让品牌每一次发声都更为精准

新媒体传播具有速度快、范围广、影响大等特点，被无数品牌青睐。最重要的一点是，它会根据大数据对用户内容进行匹配。渠道人可以通过整合小红书、淘宝、微博、各大视频网站等优质渠道的资源，帮助品牌方快速精准地匹配到适合的受众，让每次发声都更具有针对性。

10.2 老板没时间，团队就是力量

在看似简单的个人品牌经营背后，其实包含着巨大的工作量。企业老板在经营自我的同时还要兼顾对企业的管理，难免分身乏术。此时，专业的团队就是企业老板坚实的后盾与补充力量。团队在工作过程中，有一些重点需

要特别关注，接下来将分别进行讲解。

10.2.1 "社群经济"是大势所趋

随着中国经济的快速发展，经济类型也变得更加多样，"社群经济"是其中的一个代表。企业老板必须要对这种经济类型有深刻的理解和牢固的把握，这会为粉丝运营提供极大的便利。

"社群经济"中的主体是品牌和粉丝，这二者在情感上互相信任。基于此，一群有着相同爱好、价值观与习惯的粉丝聚集在一起，形成了群峰效应。他们可以互动、合作、讨论，然后对品牌本身产生"反哺"的价值关系。这种建立在品牌与粉丝之间的情感信任与价值交换之上的，品牌与粉丝共同作用形成的自运转、自循环的范围经济系统，就被称为"社群经济"。其基本运作模式是品牌通过推出产品、输出内容、提供服务等方式将粉丝吸引过来，并在此基础上获得相应的盈利。

简单来说，"社群经济"就是品牌为粉丝创造价值，粉丝获取价值的一个过程。在这个过程中，无论是品牌还是粉丝，都可以得到自己想要的东西，结果自然是双赢甚至多赢的。由此来看，"社群经济"是十分合理且牢靠的。所以，要想获得长久的盈利，还是要走"社群经济"的道路。从目前的情况来看，已经出现了很多与"社群经济"相关的案例，九阳就是其中比较具有代表性的一个。

九阳抛弃了依靠福利、明星吸粉的模式，开创了一种"与粉丝做朋友"的新模式，成功转变为"社群经济"。那么，九阳是如何达成"与粉丝做朋友"这一目标的呢？

为了实现向"社群经济"的转变，九阳一直在寻找"与粉丝做朋友"的办法。经过一段时间的探索之后，它终于用"粉丝节"来填补了这一空白。2016年5月，"第二届九阳粉丝节活动"顺利开展，令九阳的"社群经济"上了一个新的台阶。

顾名思义，"粉丝节"就是为粉丝举办的节日，在这次活动中，九阳的领导个个都热情高涨，与粉丝们一起讨论话题、做游戏、进行深入沟通，实现了双方的近距离接触。另外，九阳还邀请了神秘大咖与主办方一起制定活动环节，策划活动流程。在活动过程中，每一位粉丝都表现得特别积极，场面十分火爆。

这次"粉丝节"不仅帮助九阳实现了"与粉丝做朋友"的目标，也加速了九阳由"粉丝经济"向"社群经济"的转变。更重要的是，九阳为各大品牌提供了一个非常好的模板，如果其他品牌想要走"社群经济"的道路，完全可以借鉴它的做法。

毋庸置疑，"社群经济"已经成了一个大趋势。它不仅可以让品牌得到更多粉丝的支持和认可，还可以帮助企业老板塑造个人形象。最重要的是，它也可以为企业带来更加稳定、牢靠、丰厚的盈利。

10.2.2 保证高质量推送

随着互联网的不断发展，社交媒体的地位变得越来越突出，甚至已经成为营销和推广的主要渠道。内容分发作为社交媒体的一个重要功能，也应该得到高度关注。企业老板要想利用社交媒体打造个人品牌，吸引更多粉丝，就必须要做好内容的推送。至于应该如何落实到实际中，则需要掌握一定的技巧，具体内容如下。

（1）推送有价值的内容

什么样的内容更容易获得粉丝关注？一定是有价值的。这里所说的价值，并不是指真金白银，它囊括了很多方面。例如，给粉丝帮一些小忙、给粉丝一些启发、给粉丝一些动力等。只要是粉丝需要的内容，就都可以被看作是有真正价值的。

（2）重视粉丝体验，拒绝刻意推送内容

如今，粉丝对体验非常重视，如果粉丝体验没有达标的话，所有的努力就可能变为徒劳。在粉丝眼中，只要是与品牌有关的东西，就有打广告的嫌疑，所以，大家一定不要刻意推送内容，尤其是不受到粉丝喜爱的广告内容。

（3）根据目标粉丝推送内容

内容要在目标粉丝的基础上进行筛选，粉丝喜欢什么，就应该推送什么样的内容。例如，某企业老板在经营一个与旅游相关的品牌，目标粉丝是旅游爱好者，但在社交媒体上推送的都是美妆类内容，试问哪位粉丝会感兴趣呢？所以在推送内容的时候，企业老板一定要多站在粉丝的角度考虑，这样才可以达到推广个人和企业品牌的目的。

例如，京东曾在"双11"做了一个非常具有代表性的短期推送，对用户进行不间断的密集"打击"，主要目的就是展示刘强东下厨做菜，为他开启隐藏的"暖男"属性，造成反差感，丰富他的个人形象，并为"双11"活动造势。

可以想象，刘强东作为一个知名的企业家，会在"双11"亲自下厨做菜，可谓是饱含温情，赚足了路人的好感。而且在这一推送中，虽然提及了"双11"这一特殊的时间点，但并未刻意对购物节进行大篇幅宣传。因此，它既对这一特殊日期起到了强调的效果，又比较自然，不会令受众群体产生被推销的抵触感，是一次非常成功的、串联了个人与企业品牌的营销实践。

第11章

营销造势：扩大双品牌影响力

在双品牌的打造中，合理充分地运用好各种营销渠道是一大关键。只有善用营销进行造势，不断扩大双品牌的影响力，才能真正完成企业的全方位发展，提高变现能力，创造更大的效益。

 11.1 让媒体主动报道

说到营销渠道，媒体总是第一个出现在人们的脑海中。媒体渠道具有强大的传播力，受众面广且数量庞大。如果能促使媒体对企业品牌与个人品牌主动进行报道，将会大大提高双品牌的知名度与公信力。

11.1.1 对关键事件做文章

引导媒体对品牌主动进行报道最快捷的方法就是创造关键性事件，在社会中造成一定的影响。吴英绪就曾成功运用这一方法。

吴英绪是中脉科技的创始人之一，多年来一直投身于慈善事业，在慈善圈小有名气。通过他的不懈努力，中脉公益基金会成功创立，中脉科技也获得了良好发展。他认为，做慈善是企业家精神的最高境界，正是因为有这样的觉悟，他的人设变得更加立体，形象有了进一步提升。

2012年，吴英绪举办了一场题为"幸福人生"的讲座，对幸福人生之道进行了详细阐述。讲座结束后，他又一次性资助了十位贫困学子，并承诺在他们考上大学以后继续资助。他的此次善举得到了广泛关注，当地电视台、报纸、杂志也进行了报道。

2014年，亚洲明星高尔夫慈善比赛在深圳召开，此次比赛聚集了五十位各个领域的名人，对个人及队际奖项进行争夺。另外，比赛所得的所有善款都用在了免费午餐项目上，吴英绪也位列其中，献出了自己的一份力量。

同样是2014年，经过民政部门的批准，中脉公益基金会正式成立，性质为全国性非公募基金会，原始基金达到5000万元。作为该基金会的坚定支持者，吴英绪一直积极参与各项活动，希望为弱势群体提供更好的帮助。

在吴英绪的带领下，中脉公益基金会先后获得了"慈善推动者""年度十大慈善企业""关心下一代突出贡献企业""中国儿童慈善奖""2014年度扶贫爱心奖""优秀助老共建单位"等多项荣誉。

2016年，以吴英绪为代表的一行人走街串巷，慰问和关怀帮扶对象。可以说，吴英绪通过实际行动来指引自己的团队，实现了慈善行为的传递。

非常明显，吴英绪不仅把企业打理得井井有条，还在认真做慈善，这不仅有利于个人品牌的建立和形象的优化，也有效地吸引了媒体的主动报道。与此同时，他的影响力和知名度也有了很大提升。

当然，除了慈善以外，企业老板们还有很多大事可以做。不过需要注意的是，必须选好方向。如果单纯为了吸引眼球而去做一些带有负面影响的大事，知名度确实可以提升，但形象无疑会瞬间崩塌。

11.1.2 挑战有影响力的人

在2014年炎热的夏天，一桶冰水倒在了许多名人的头上。微软的比尔·盖茨、脸书的扎克伯格与桑德伯格、亚马逊的贝索斯、苹果的库克全都进行湿身挑战，前赴后继地参与其中，其实全都是为了慈善。

ALS冰桶挑战赛简称"冰桶挑战赛"或"冰桶挑战"。该挑战要求参与者在网络上发布自己被冰水浇遍全身的视频，然后他便可以指定其他人来一同参与这一活动。活动规定，被邀请者要么在24小时内接受挑战，要么就要为对抗"肌肉萎缩性侧索硬化症"捐出100美元。

该活动旨在让更多人了解被称为"渐冻人"的罕见疾病，同时也达到为医疗事业募款的目的。这一挑战仅在美国就有170万人参与挑战，250万人捐款，总金额高达1.15亿美元。这可能是为某种疾病或紧急情况捐助最多的款项。

2014年8月，冰桶挑战赛蔓延至中国。多名科技界大佬被点名参与了这一活动，也有许多企业老板通过挑战业内知名大佬，为自己的品牌进行了宣传，提高了知名度与公众评价水平。这样的营销方式可谓"一箭双雕"，既吸引了众多流量报道，又为公益事业做出了贡献。

11.1.3 跨界合作突破认知

跨界顾名思义就是从原来的领域跨越进入其他领域，利用原有的经验和新获得的资源，创造崭新的产品，但仍然保留原有的产品价值观和理念等。除此之外，它也可以指两个或多个行业相结合，互用资源、优势互补，创造出更多的产品以及更全面的服务，以扩大客户群体、赢得更广阔的消费市场的行为。

在这个信息爆炸的时代，品牌如果想要获得用户的关注和青睐，就必须要足够新奇、富有创意。品牌方要出其不意，超出消费者的想象范围，联合其他类别反差巨大的品牌，来满足消费者的猎奇心理。例如，六神花露水与鸡尾酒品牌的合作就吸引了众多消费者的眼球，一时之间风头无两。

品牌之间的反差越大，消费者的好奇心就会越重。这样自然就更容易引起受众群体对新产品的关注和讨论，从而促进大众对品牌的感知，打破用户心中对品牌的思维定式，获得更加广阔的消费市场。

11.2 让传播可持续

在营销过程中，传播范围的广泛程度固然重要，但时间维度上的长期持续性也不容忽视。短暂的流量暴涨很快就会消散，只有提高持续发展的能力才能保持品牌的健康活力。

11.2.1 构建粉丝关系网

毋庸置疑，在这个社交媒体崛起的时代，个人品牌的打造和推广都缺少不了与粉丝互动。但是，如果无法形成一个关系网络，也无法取得很好的效果。除了点赞评论、分享转发等浅层互动以外，让粉丝参与产品设计也是一种很好的办法。

以小米为例，该品牌之所以会如此成功，一个最重要的原因就是让"米粉"参与产品设计。在这一过程中，"米粉"需要献计献策、付出努力，才可以得到相应的成果。而且，当成果出来后，他们还会产生"我也参与了产品设计"的自豪感。

在那些参与产品设计的"米粉"眼中，产品就像他们的孩子一样，试问，有哪位家长不疼爱自己的孩子呢？所以，他们会非常愿意购买该产品，还会把它推荐给自己身边的亲朋好友。

实际上，随着消费观念的升级以及消费多元化的发展，粉丝的角色已经发生了明显的变化。粉丝正逐渐成为产品的设计者，而设计师则更多扮演协调者和配合者的角色。在这种情况下，设计师不仅可以获得粉丝的第一手资料，从更丰富的角度采集粉丝对产品的综合需求，还可以加深粉丝与产品之间的联系，使二者形成情感纽带关系，进而提升粉丝对产品乃至品牌的信任。

许多母婴类品牌为了能够深入粉丝的内心，建立信任优势，也都纷纷涌入了微博、微信、QQ、贴吧等社交媒体中。而且，有些母婴类品牌还与粉丝进行了深度互动，使产品销售量有了极大的提升，就连知名度也比之前高了很多。

但不得不承认的是，有些母婴类品牌并没有取得好结果，无论是微博、微信，还是QQ、贴吧都无人问津。从根本上说，问题还是出在互动方面，这些母婴类品牌根本没有掌握与粉丝互动的技巧。具体技巧主要包括以下三个。

（1）定位品牌形象

品牌要具备一个人格化的形象定位，也就是品牌要以何种形象与粉丝进行密切沟通。以澳贝为例，其微博、微信的形象定位都是"澳妈"，营造了一个集智慧与耐心为一体的好妈妈形象。因此，澳贝第一次与粉丝互动的时候，就给粉丝留下了非常深刻的印象。另外，澳贝还整合了线上线下的资源，开拓了多样化的推广渠道，这不仅有利于优化营销的效果，还有利于提升自身的影响力。

（2）时刻关注热点话题

无论是营销还是吸引粉丝，关注热点话题都是一件必须要做的事情。现在的互联网已经非常发达，很多热点话题都稍纵即逝，这就需要我们进行细致而又敏锐的观察，最终促进品牌的裂变传播。借助热点话题在社交媒体中巧妙植入与企业家和品牌有关的信息，引导广大粉丝关注和转发，有利于达到"口碑炸裂"的效果。

（3）基于粉丝定制活动

要想让粉丝和社交媒体活跃起来，定制化的活动就必须要有。例如，2017年5月2日，知识型IP大本营三期线上活动开营盛典圆满落幕，这是开营仪式组委会在没有任何先例可借鉴的情况下，通过整合各方资源才成功打造出来的。

该活动主题是"知识营，链接三生三世"。通过此次活动，粉丝之间的信任感被极大提高，彼此的关系也越来越密切，更重要的是还扩大了"IP营"的知名度。粉丝们都格外重视这次入营的机会，"IP营"也通过付费的方式，对入营的粉丝进行层层筛选。

此次活动是属于粉丝的活动，每位粉丝都付出了自己的努力，表演的大部分节目也都是从粉丝那里征集，然后集体投票表决出来的。在活动过程中，粉丝们还有机会见到业界大咖，听他们分享自己的成功经验，该环节受到了广大粉丝的欢迎，大家轮流发表意见和建议，所有粉丝都参与其中。

在此次活动中，不仅有脑洞大开的创意、一波一波的红包雨、各种斗图表情包，还有粉丝代表分享自己的心路历程。其中，有一个环节是粉丝之间相互提问题，分享经验，这顺利将互动推上了高潮。

11.2.2 充分利用社交媒体数据

我们无法否认，各个行业都积累了海量的数据，这也在很大程度上体现出了数据的重要性。在社交媒体运营中，数据同样占据了非常关键的位置，于是，对数据进行筛选、分析便成为必须要做的事情。至于应该如何把这件事情做好，则需要把握以下几个要点。

（1）认真记录数据，培养数据化思维

大脑的容量毕竟是有限的，大家有必要将数据认真记录下来，培养数据化思维。无论是出色的企业家，还是知名的品牌，都是在不断实践中成长起来的。因此，在数据分析的时候，必须要具备数据化的眼光，并做好记录。

（2）明确数据分析的目标

做什么事情都要有目标，分析数据也是如此。所以，在分析数据之前我们就必须明确一个目标——是要提高产品性能，还是提升用户体验，抑或是促进用户二次推广。当目标明确以后，才可以对数据进行逐级拆分，找出最有价值、最有用处的那一部分，进而使社交媒体运营得到进一步优化。

（3）将无效数据剔除出去

对无效数据进行分析只会浪费时间和精力，因此，要想提高效率，就必须学会剔除无效数据。在进行数据分析的过程中，我们无疑会面临大量的数据和复杂的计算，这时就需要适当地删繁就简，通过第三方平台来完成无效数据的剔除。当然，除了提高效率以外，此举也可以大幅度降低成本。

（4）在定位的基础上认真筛选

进行数据分析的时候，必须在产品定位与粉丝定位的基础上认真筛选。如果粉丝不准确，那么得到的一定是无效数据。举一个非常简单的例子，假设你主营的是高档奢侈产品，那么粉丝定位就应该是高收入人群。与此相对应，一切的数据分析也必须围绕这类人群展开。

但是，如果你一直在分析与低收入人群相关的数据，不仅会浪费大量的精力和时间，还会对之后的各项工作造成严重影响。因为在低收入人群心里，高端奢侈产品价格昂贵，由此产生的数据分析结果一定是降低价格。然而事实是，即使真的降低了价格，低收入人群依然不会主动，也没有能力去购买。

由此可见，要想把数据分析好，就必须理性对待、谨慎判断，学会利用科学合理的数据思维，在定位的基础上剔除无效数据。其实，既然有无效数据，那就一定也会有实用数据。的确，在社交媒体运营的过程中，以下几类数据非常有价值，必须要引起足够的重视。

（1）粉丝行为数据

掌握了粉丝行为数据以后，大家就可以对粉丝进行更加细致的分类，这样无论是推广还是营销，都可以按照不同粉丝的特征有针对性地进行。如此，一方面可以提升营销和推广的效果，另一方面则可以提高粉丝的活跃度、增强粉丝黏性。通常情况下，粉丝会产生各种各样的行为，最基础的有浏览、询问、购买等。与这些行为有关的数据都非常实用，也非常有价值。

（2）粉丝内容数据

粉丝内容数据的主体是，粉丝在社交媒体上输出的内容。对于贴吧这类的社交媒体而言，通常会把发贴数量、分享数量、点赞数量、评论数量等作为数据的统计项，通过这些数据，大家可以对粉丝有更加深刻的了解。此外，如果有QQ群、微信群的话，还应该把粉丝在特定时间段里的发言数量和发言内容记录下来，这也是非常关键的粉丝内容数据。

（3）业务数据

除了粉丝数据以外，业务数据也是衡量社交媒体运营是否成功的重要因素。对业务数据进行分析的主要目的就是了解某个时间段内粉丝运营对业务数据的提升效果。如果提升效果差的话，就要改变运营策略；如果提升效果好，就可以继续使用原来的运营策略。一般情况下，业务数据主要包括粉丝购买总量、粉丝复购率与粉丝满意度。

随着市场的拥挤和竞争的激烈，吸引粉丝、进行社交媒体运营的难度在不断提升，这也就表示，之前那种粗放型模式已经不能满足现阶段的要求。因此，我们必须要转变思路，采用精细型模式。然而，在精细型模式当中最关键的一点就是数据分析，只有把握住这一点，才可以在众多品牌中脱颖而出。

11.2.3 激发老粉丝的力量

美国知名学者凯文·凯利曾提出"一千个铁杆粉丝理论"，大致内容是，任何做原创的、传递正能量和价值的创作者，只需拥有1000名铁杆粉丝便能糊口。与此同时，他还认为，"铁杆粉丝"指的就是，无论你创造出什么作品，他们都愿意付费购买，他们愿意长途驱车来听你唱歌。即使手上已经有了你的磁带，他们还愿意去重新购买超豪华高清版的套装，他们会在谷歌快讯里添加你的名字，时刻关注你的有关信息，会买你的绝版作品收藏，会观看你的演出，购买你的作品并让你在上面签名。

另外，相关数据显示，粉丝的平均购买力要比非粉丝高出30%左右，粉丝的转化率也要比非粉丝高出将近4倍。例如，在约2亿"米粉"的支持下，小米成功走上了手机行业的巅峰，创造了一个又一个销售奇迹。

由此可见，对于企业老板和企业品牌来说，粉丝的力量与价值都是巨大的。而且，打造个人品牌也特别需要粉丝的支持。通常情况下，粉丝的力量与价值主要体现在以下两个方面。

（1）分享转发

在所有人群中，粉丝是最坚定的追随者。他们通常会无条件认同你的观点，同时还会分享转发与你有关的消息和内容。所以，即使粉丝并没有产生任何利益行为，他们的转发分享也还是会为你带来更多的关注和曝光。

当然，要想激发粉丝的分享转发，还是要在内容和自身上下足功夫。首先，要输出高质量内容，讲真正有用的干货；其次，要不断提升自身的能力，用人格魅力来征服粉丝。许多知名企业家，身上都散发着非常强大的人格魅力。

（2）终身留存

除了上面提到的分享转发以外，粉丝还有更加巨大的力量与价值，那就是终身留存。在衡量粉丝的力量与价值时，不仅要看当下的利益行为，更要对留存时间以及留存时间内的分享转发进行准确估算。经过这样的估算以后，我们就可以发现，一个粉丝的力量与价值将远远超乎你的想象。

一般来说，与维护一个老粉丝相比，获得一个新粉丝的成本更高，有时甚至会高出5倍以上，这也意味着，老粉丝是绝对不可以忽视的中坚力量。在当下这个看重内容和服务的时代，要想维护老粉丝，高质量的内容和贴心的服务是最佳方式。

粉丝的力量与价值已经不言而喻，在这种情况下，作为"偶像"的企业老板有必要为自己发展更多的粉丝。正所谓"得粉丝者得天下"，学不会吸引粉丝的技巧，就无法在激烈的竞争中拔得头筹，更无法把自己的个人品牌建立起来。

第12章

变现：双品牌助力产品溢价

在现代商业社会，品牌所体现的不只是产品价值，更多的是一种公众认同，象征了优秀和卓越。为什么很多国外的产品，明明是"made in China"，但因为品牌是国外的，价格就翻了几十倍？这就是品牌溢价。想要完成变现过程，我们就必须学会利用双品牌对产品溢价实现助力。

12.1 产品溢价

产品溢价是企业在发展个人与企业双品牌时必须要考虑的一方面。产品的溢价受消费者的品质偏好、经济能力、购买频率、对该类商品的品质评价等多方面因素影响。

对于个人而言也是如此。个人品牌从只能代表自己，逐渐发展成为代表整个产品的口碑。好的个人品牌代表了产品的价值。今天身价过亿的高管们，并不是因为当初的能力有多强，而是因为靠谱、被信赖。如果他们只有技能，没有个人品牌，就只能陷入低价值、低水平劳动中。所以，个人品牌某种意义上就是信用溢价。

12.1.1 抓住溢价能力的关键点

从经济学角度来说，消费者能接受的产品价格体现出这个产品在消费者心中的价值。消费者在购买产品时希望达到自己的利益最大化，在商品给自己带来一定效用时，所耗费的成本最小；或者在一定花费的基础上，产品的价值最大。这就是为什么有的消费者更愿意花高价购买品牌产品。

消费者在购买产品时希望能以最小的代价最大化满足需求，而卖家则是追求更高的利润。双方的核心点和出发点都是以自己为主，因此产品的定价既要使卖家满意，又能让消费者接受。但如何定价？商品定价的核心标准是什么？

我们从法律的角度去解读价格公式。消费者为甲方，商家为乙方，甲方和乙方都会选择对自己有利的陈述，但如何判断，如何定案，不能只听双方的陈述，法律讲究证据。

消费者认为产品价格太贵，除非降价，否则不会购买。而卖家则认为我的产品质量好，值这个价，不可能降价销售。双方意见没有达成统一，这次交易只得终止。甲乙双方都是为了自己的利益最大化。那么，如何既让消费者接受这个价格，又不用牺牲卖家的利润？

这个时候就需要以证据来设定消费者可接受的价格。证据就是甲乙双方所交易的产品价值。产品的价值一般由功能性价值和其他附加值构成，附加值我们可以理解为消费者对产品认同的情感价值和心理价值，消费者愿意为此多付出额外的金钱，也就是品牌溢价。

一般情况下消费者的购买原则是追求性价比高的产品，即花较少的钱买优质的产品，那消费者为什么会选择更贵的品牌产品？这就是品牌的溢价能力，我们可以理解为如下两个原因。

（1）买的是一份产品保险

消费者愿意购买更贵的品牌产品，买的就是品牌的承诺和产品保证，而这种品牌"溢价"可以看作是消费者支付的一种产品保险金。从产品到品牌，再到知名品牌，这一路上，企业需要承担对品牌的责任感。要为产品的品质和服务问题负责到底。

老干妈辣椒酱很多人都吃过，它在国内外都非常有名，甚至还登上了国外奢侈品折扣网站。市场上那么多种相似产品，为什么老干妈能独占市场鳌头？除了产品质量，还因为老干妈每年投入两三千万元打假。这两三千万是为了对消费者负责，也是老干妈品牌价值的体现。

此外，老干妈公司也加强了对商标的保护。目前老干妈公司全部注册商标达114个，包括"老于妈""妈干老"等近似商标，这都是为了防止一些公司打擦边球，对老干妈品牌造成影响。

除了老干妈通过打假不断塑造品牌的信用与知名度外，还有很多知名品牌也在通过各种各样的方式为消费者负责，加强品牌溢价能力，如丰田紧急召回事故车等。

（2）买的是一份独一无二

"物以稀为贵"，近些年茅台酒不断涨价，依然供不应求，主要是因为稀缺性。消费者选择高价格品牌产品，有一个重要的原因是品牌所具有的独特的高档感和高价值感。这种高档感是品牌的情感溢价。

品牌能满足消费者情感型、自我表达型利益，品牌以品质、技术为基础，通过广告塑造豪华、成功、时尚等内涵，在设计与工艺上精益求精，并在豪华高档场所设零售终端，以此来保持品牌的情感溢价。爱马仕作为一款知名的奢侈品牌，它现在能赚钱就是过去不断花钱维护品牌的回报。爱马仕一直请大牌设计师设计产品，把公司开在昂贵的地段，店面豪华装修，花高昂的广告费进行宣传。通过这些方法，爱马仕不断塑造"高端奢侈品"的形象，品牌溢价远超产品本身。

12.1.2 粉丝效应赋予产品情感价值

在"粉丝经济"的影响下，大到企业，小到商贩，都开始关注粉丝，而作为企业领导者的企业老板，更希望自己可以受到大批粉丝的喜爱。从表面来看，"得粉丝者得天下"似乎有夸张的成分，但仔细想来其实不无道理。以明星为例，如果粉丝多的话，通告就会一个接着一个奔涌而来，最终赚个盆满钵满，要是粉丝少甚至没有的话，出现在公众视野的机会也非常稀少。品牌同样也是如此，只有获得了大量的粉丝才可能有出头之日。

由此可见，粉丝的力量和价值确实不能小觑，在这种情况下，大家要做的就是重视粉丝的情绪引导，让他们可以更加忠心地追随品牌。不过，这就是最终的结果了吗？当然不是，因为随着"社群经济"的出现，大家对待粉丝的心态和行为都要发生变化。一方面，这有利于吸引更多的粉丝；另一方面，也可以使品牌形象得到进一步深化。

在获得粉丝的方法中，重视粉丝的"三感"是必不可少的。如果企业老板和品牌没有充分满足粉丝的情感需要，那即使将粉丝吸引过来，黏性也不会太高。那么具体是哪"三感"呢？

（1）价值感

品牌是一种无形的价值，背后是企业老板核心理念的体现。随着消费的不断升级，粉丝对产品的物理层面需求已经没有那么强烈，反而开始转向情感层面。因此，要想获得粉丝的青睐，必须要重视品牌的精神建设，赋予粉丝一定的价值感。

星巴克董事长舒尔茨曾经说过："星巴克卖的不是咖啡，而是服务和体验。"这也是星巴克从一个普通咖啡店，变成一个文化象征的重要转折点。从空间布局的设计，到优质服务的打造，再到杯型的命名，星巴克始终以"社交"为中心，希望为自己的粉丝营造一种"我存在"的良好氛围。

从本质上来讲，价值感是粉丝心中对于一个品牌的价值判断、评估以及认同，属于精神价值的范畴。一个品牌要想真正实现价值的最大化，吸引一大批忠实粉丝，必须通过体系化的内容和逻辑去建立并获得粉丝的认同，进而使自身在粉丝心智中形成价值感。

我们经常会认为华为比其他国产手机品牌更加优秀，主要原因就是，华为所蕴含的价值感非常值得粉丝信赖，当然，粉丝的价值感并不一定要通过直接体验产品来获得，在进行品牌传播的时候，也可以让没有直接体验产品的粉丝获得一定的价值感。

（2）归属感

归属感是指个体与所属群体之间的一种内在联系，是个体对某个群体关系的划定、认同、和维系。正因为有归属感，无论是外在层面，还是内在精神，个体才会聚集到一起形成群体。人类不断读书、观看视频、聆听音乐，就是为了从中获得精神上的归属感。

当粉丝借助品牌来构建自我或向他人传递自我概念的时候，就会对品牌产生归属感。因此，对于品牌来说，只要能赢得粉丝的信赖，让粉丝产生归属感，就可以有很好的发展。归属感通常分为长期和短期两种。

短期归属感既需要看起来舒服的外形，用起来舒服的操作，有价值的内容，也需要将粉丝所在的外境、需求巧妙地与产品结合。而长期归属感需要在维持产品主功能不变的情况下，不断更新升级，以满足粉丝在各个阶段的不同需求。

"凯叔讲故事"的主人公王凯是两个孩子的父亲，在孩子很小的时候，他就开始给孩子讲故事，而且从来不重复。由于孩子的喜欢，王凯几乎每天都要给孩子讲故事，在这一过程中，他了解到孩子喜欢什么样的题材，也知道了应该如何在讲故事的时候用语言把孩子的情绪调动起来。这些都成为他打造个人品牌的基础。

为了提升粉丝的归属感，王凯设立了一个规矩：所有的内容都必须以粉丝为核心。早期，很多粉丝都喜欢听"凯叔讲故事"，甚至还出现该睡觉时反而睡不着觉的现象。为了缓解这一现象，他特意在语音故事的后面加上了"凯叔读诗"的栏目。

王凯每天都会把选好的诗读上七遍，然后下一遍的声音都要比上一遍小一些，最后一遍几乎都已经没有声音了。通常情况下，诗歌是一周换一次，故事大概是两天换一个。正是因为如此，该栏目已经变成了很多粉丝的"哄睡神器"。

经过长时间的积累，出于真正为粉丝着想的理念，王凯的形象已经变得越来越立体，粉丝也从中获得了归属感。对于粉丝来说，"凯叔讲故事"根本不是一档栏目、一个产品，而是一个有爱、有温暖的家庭。

（3）安全感

安全感指的是一方的表现可以带给另一方一种可依靠、可信赖的感觉。事实上，品牌也应该为粉丝创造这种感觉。如今，随着消费的不断升级，粉丝的消费心理也发生了变化，例如，在衡量一个产品的时候，除了考虑性能、价格等方面，还要考虑安全感。

的确，出于自我保护的天性，在一个新的产品面前，粉丝总是会缺乏安全感。这也就意味着，产品只有通过了风险评估以后，才有可能占领粉丝的心智。因此，品牌必须通过各种各样的方式将产品的可信赖特质表示出来，例如，用广告来展现产品质量、在微博上发布使用反馈等。

我们不妨想象一下，为什么现在很多人都愿意把钱存进余额宝，而不是其他可能会带来更高收益的理财平台呢？一个很重要的原因就是，余额宝可以提供较强的安全感。由此来看，安全感也是粉丝的一个硬性需求。

心智是对已知事物的沉淀和储存，要想占领粉丝的心智，就必须打破他们对未知产品的固有质疑和无端否定，并让他们建立起一种新的思维。在这一过程中，满足粉丝的"三感"非常关键，企业一定要对此足够重视。

 12.2 帮助资源整合

在个人与企业双品牌共同发展的同时，企业内部也会发生很大的变化。随着双品牌的成熟，企业内部的资源也能达到整合的效果。如何在发展双品牌的同时促进资源的整合，我们可以从上游与下游两方面进行分析。

12.2.1 信誉增加，上游资源更好获取

当企业生产了一样产品或者提出了一个发展目标，企业就对自己的受众群体有了一份承诺和责任。企业要始终对自己的产品负责，完成自己所承诺的一切。这种承诺和责任是隐形的、不易察觉的，但会对消费者与投资者的选择产生非常大的影响。而品牌是企业的载体，大众对品牌的认同就是对企业的信任。当广大群体都对企业建立了足够的信任时，众多社会资源都会对企业拥有一定的倾向性，上游资源也就会更容易获取。

因此，企业必须要建立足够的信誉，让大众信赖品牌、信赖产品，给客户与商业伙伴以安全感。

格力早前提出了"格力掌握核心科技"的品牌定位，这一定位既体现出

格力的野心，又能反映格力对大众的隐形承诺。"好空调，格力造"代表着格力空调的技术支持承诺。

格力凭借多年在自主创新上的研发投入和深耕细作，连续获得多项国家科技进步大奖。格力1赫兹变频技术荣获国家科技进步奖，成为该奖项设立以来第一项获奖的空调技术，格力电器也凭借"基于掌握核心科技的自主创新工程体系建设"项目三获国家科技进步奖。此外，双级变频增熔压缩机、永磁同步直流变频离心机、光伏直驱变频离心机、磁悬浮离心机等12项技术也都被鉴定为国际领先水平。

格力在一步一步地履行曾经许下的承诺，不断进行核心技术和科技创新，在全球市场赢得尊严。只有这样言出必行，不断变得更强大，企业才会有更多的生产资源与供货资源。

个人品牌也是如此，有个人品牌的人能率先获得消费者对你的认知。同时个人品牌又能更好地为信用背书，象征着口碑，有个人品牌的人，更容易得到消费者的信任，也更容易赢取到与其他品牌的合作机会。

在现实的购物过程中，我们经常会遇到这样的情况：当不够了解某一产品时，心里会有一种不安全感，会下意识地选择具有良好声誉的品牌。这就是品牌所带来的信用溢价，它在无形之中就降低了消费者戒备，增强对产品的信赖。

所以，在打造个人品牌时，一定要做好对消费者的隐形承诺，实现个人品牌的信用溢价，具体内容如下。

（1）承诺要找准点

品牌需要有特定的消费群体，品牌的承诺一定要结合定位，找准消费群体和承诺的点。比如星巴克的品牌承诺是为职场人士提供能忙中休闲的场所，所以它非常重视服务质量和室内艺术设计。

（2）承诺要量力而行

有些人喜欢随便承诺，打的品牌口号是以品质为主，但实际上输出内容的品质并不是最好，最后让消费者产生上当的感觉。对于品牌承诺而言，重要的不是承诺了多少，而是承诺的东西能做到多少。

海尔的品牌主题是"真诚到永远"，这就是根据自己的能力和行业的发展所打造的。最初海尔通过"砸冰箱"来塑造品牌形象，向消费者承诺产品的质量好；后来海尔转向服务，以服务创品牌，立足点就变成了"真诚服务"，如上门维修并自带鞋套等。

（3）定位要明确，承诺要能兑现

要想兑现品牌承诺，关键是要对自己的品牌有正确的认识。要多关注消费者重视的东西，通过多种渠道与消费者沟通，切实满足他们的需求，这样才能实现隐形承诺。例如，在打造个人品牌时，强调自己每天都会坚持做读书笔记，但实际上却"三天打鱼，两天晒网"，敷衍消费者，最终就会降低消费者的信任度。

品牌隐含着对消费者的所有保证，反映出一个企业的经营理念，我们在建立个人品牌时，一定要重视定位，重视品牌的内涵塑造。只有品牌的信誉增加，大众才会广泛地对该品牌产生信任感，从而乐于为企业提供稳定的货源保障。

12.2.2 影响力扩散，下游资源主动依附

企业建设一条产品链最终的目的一定是满足客户的需求，同时赢取自己的利润。产品链中会包含所有与满足客户需求相关的环节，不仅仅是上游的生产商和供应商，还有下游的运输、仓储、零售和客户本身等。客户的需求是产品链持续健康发展的驱动因素，每条产品链都是以客户需求为出发点，逐级向上延伸的。

所以，无论是一个品牌，还是一个产品，要想获得成功，都必须在客户需求上多下功夫。有些品牌输出了很多高质量的内容，花重金生产了各种各样的产品，结果却输得一败涂地。其中有一个很重要的原因就是，没有充分考虑客户的需求，致使客户的体验感不断下降，这无疑是对时间、精力、财力的巨大浪费。

　　在企业产品链发展的过程中，双品牌的影响力是一个相当重要、需要特别关注的因素。双品牌的影响力可以直接对客户的需求倾向造成影响。如果企业的双品牌拥有足够大的影响力，就说明该企业已经得到了大部分受众群体的认可，口碑良好。这就意味着，该企业双品牌的粉丝黏性将会飞速提高，可以引导粉丝自发地为品牌进行宣传，达到帮助企业吸引下游资源的效果。许多销售商与物流渠道感受到市场的热情，也会主动来与企业寻求合作，创造双赢的局势。

　　可见，大家如果想获得更多的粉丝类客户，并让他们成为帮助企业传播推广的主力军，首先要提高双品牌影响力，满足客户需求。那么，如何才能提高双品牌对客户的影响力呢？应该从实现客观需求、深入情感需求、不断提高服务质量这三个方面入手。

　　提高双品牌对客户的影响力，对于一个品牌的重要性已经不言而喻。这不仅是增强粉丝黏性的"法宝"，更是引导大众一起传播推广品牌、吸引下游资源主动合作的"良药"。